Три сестры
Three Sisters

Антон Павлович Чехов
Anton Pavlovich Chekhov

Три сестры
Copyright © JiaHu Books 2014
First Published in Great Britain in 2013 by Jiahu Books – part of Richardson-Prachai Solutions Ltd, 34 Egerton Gate, Milton Keynes, MK5 7HH
ISBN: 978-1-78435-001-7
Conditions of sale
All rights reserved. You must not circulate this book in any other binding or cover and you must impose the same condition on any acquirer.
A CIP catalogue record for this book is available from the British Library
Visit us at: jiahubooks.co.uk

Действующие лица	5
Действие первое	6
Действие второе	30
Действие третье	54
Действие четвертое	73

Действующие лица

Прозоров Андрей Сергеевич.
Наталья Ивановна, его невеста, потом жена.
Ольга
Маша его сестры.
Ирина
Кулыгин Федор Ильич, учитель гимназии, муж Маши.
Вершинин Александр Игнатьевич, подполковник, батарейный командир.
Тузенбах Николай Львович, барон, поручик.
Соленый Василий Васильевич, штабс-капитан.
Чебутыкин Иван Романович, военный доктор.
Федотик Алексей Петрович, подпоручик.
Родэ Владимир Карлович, подпоручик.
Ферапонт, сторож из земской управы, старик.
Анфиса, нянька, старуха 80 лет.

Действие происходит в губернском городе.

Действие первое

В доме Прозоровых. Гостиная с колоннами, за которыми виден большой зал. Полдень; на дворе солнечно, весело. В зале накрывают стол для завтрака. **Ольга** *в синем форменном платье учительницы женской гимназии, все время поправляет ученические тетрадки, стоя на ходу;* **Маша** *в черном платье, со шляпкой на коленях, сидит и читает книжку;* **Ирина** *в белом платье стоит задумавшись.*

Ольга. Отец умер ровно год назад, как раз в этот день, пятого мая, в твои именины, Ирина. Было очень холодно, тогда шел снег. Мне казалось, я не переживу, ты лежала в обмороке, как мертвая. Но вот прошел год, и мы вспоминаем об этом легко, ты уже в белом платье, лицо твое сияет...

Часы бьют двенадцать.

И тогда также били часы.

Пауза.

Помню, когда отца несли, то играла музыка, на кладбище стреляли. Он был генерал, командовал бригадой, между тем народу шло мало. Впрочем, был

дождь тогда. Сильный дождь и снег.
Ирина. Зачем вспоминать!

За колоннами, в зале около стола показываются барон ***Тузенбах, Чебутыкин*** *и* ***Соленый****.*

Ольга. Сегодня тепло, можно окна держать настежь, а березы еще не распускались. Отец получил бригаду и выехал с нами из Москвы одиннадцать лет назад, и, я отлично помню, в начале мая, вот в эту пору, в Москве уже все в цвету, тепло, все залито солнцем. Одиннадцать лет прошло, а я помню там все, как будто выехали вчера. Боже мой! Сегодня утром проснулась, увидела массу света, увидела весну, и радость заволновалась в моей душе, захотелось на родину страстно.
Чебутыкин. Черта с два!
Тузенбах. Конечно, вздор.

Маша, задумавшись над книжкой, тихо насвистывает песню.

Ольга. Не свисти, Маша. Как это ты можешь!

Пауза.

Оттого, что я каждый день в гимназии и потом даю уроки до вечера, у меня постоянно болит голова и такие мысли, точно я уже состарилась. И в самом деле, за эти четыре года, пока служу в гимназии, я чувствую, как из меня выходят каждый день по каплям и силы и молодость. И только растет и крепнет одна мечта...
Ирина. Уехать в Москву. Продать дом, покончить все

здесь и — в Москву...
Ольга. Да! Скорее в Москву.

Чебутыкин и Тузенбах смеются.

Ирина. Брат, вероятно, будет профессором, он все равно не станет жить здесь. Только вот остановка за бедной Машей.
Ольга. Маша будет приезжать в Москву на все лето, каждый год.

Маша тихо насвистывает песню.

Ирина. Бог даст, все устроится. *(Глядя в окно.)* Хорошая погода сегодня. Я не знаю, отчего у меня на душе так светло! Сегодня утром вспомнила, что я именинница, и вдруг почувствовала радость, и вспомнила детство, когда еще была жива мама! И какие чудные мысли волновали меня, какие мысли!
Ольга. Сегодня ты вся сияешь, кажешься необыкновенно красивой. И Маша тоже красива. Андрей был бы хорош, только он располнел очень, это к нему не идет. А я постарела, похудела сильно, оттого, должно быть, что сержусь в гимназии на девочек. Вот сегодня я свободна, я дома, и у меня не болит голова, я чувствую себя моложе, чем вчера. Мне двадцать восемь лет, только... Все хорошо, все от бога, но мне кажется, если бы я вышла замуж и целый день сидела дома, то это было бы лучше.

Пауза.

Я бы любила мужа.
Тузенбах *(Соленому).* Такой вы вздор говорите,

надоело вас слушать. *(Входя в гостиную.)* Забыл сказать. Сегодня у вас с визитом будет наш новый батарейный командир Вершинин. *(Садится у пианино.)*

Ольга. Ну, что ж! Очень рада.

Ирина. Он старый?

Тузенбах. Нет, ничего. Самое большее, лет сорок, сорок пять. *(Тихо наигрывает.)* По-видимому, славный малый. Не глуп — это несомненно. Только говорит много.

Ирина. Интересный человек?

Тузенбах. Да, ничего себе, только жена, теща и две девочки. Притом женат во второй раз. Он делает визиты и везде говорит, что у него жена и две девочки. И здесь скажет. Жена какая-то полоумная, с длинной девической косой, говорит одни высокопарные вещи, философствует и часто покушается на самоубийство, очевидно, чтобы насолить мужу. Я бы давно ушел от такой, но он терпит и только жалуется.

Соленый *(входя из залы в гостиную с Чебутыкиным).* Одной рукой я поднимаю только полтора пуда, а двумя пять, даже шесть пудов. Из этого я заключаю, что два человека сильнее одного не вдвое, а втрое, даже больше...

Чебутыкин *(читает на ходу газету).* При выпадении волос... два золотника нафталина на полбутылки спирта... растворить и употреблять ежедневно... *(Записывает в книжку.)* Запишем-с! *(Соленому.)* Так вот, я говорю вам, пробочка втыкается в бутылочку, и сквозь нее проходит стеклянная трубочка... Потом вы берете щепоточку самых простых, обыкновеннейших квасцов...

Ирина. Иван Романыч, милый Иван Романыч!

Чебутыкин. Что, девочка моя, радость моя?
Ирина. Скажите мне, отчего я сегодня так счастлива? Точно я на парусах, надо мной широкое голубое небо и носятся большие белые птицы. Отчего это? Отчего?
Чебутыкин *(целуя ей обе руки, нежно).* Птица моя белая...
Ирина. Когда я сегодня проснулась, встала и умылась, то мне вдруг стало казаться, что для меня все ясно на этом свете и я знаю, как надо жить. Милый Иван Романыч, я знаю все. Человек должен трудиться, работать в поте лица, кто бы он ни был, и в этом одном заключается смысл и цель его жизни, его счастье, его восторги. Как хорошо быть рабочим, который встает чуть свет и бьет на улице камни, или пастухом, или учителем, который учит детей, или машинистом на железной дороге... Боже мой, не то что человеком, лучше быть волом, лучше быть простою лошадью, только бы работать, чем молодой женщиной, которая встает в двенадцать часов дня, потом пьет в постели кофе, потом два часа одевается... о, как это ужасно! В жаркую погоду так иногда хочется пить, как мне захотелось работать. И если я не буду рано вставать и трудиться, то откажите мне в вашей дружбе, Иван Романыч.
Чебутыкин *(нежно).* Откажу, откажу...
Ольга. Отец приучил нас вставать в семь часов. Теперь Ирина просыпается в семь и, по крайней мере, до девяти лежит и о чем-то думает. А лицо серьезное! *(Смеется.)*
Ирина. Ты привыкла видеть меня девочкой, и тебе странно, когда у меня серьезное лицо. Мне двадцать лет!
Тузенбах. Тоска по труду, о боже мой, как она мне понятна! Я не работал ни разу в жизни. Родился я в

Петербурге, холодном и праздном, в семье, которая никогда не знала труда и никаких забот. Помню, когда я приезжал домой из корпуса, то лакей стаскивал с меня сапоги, я капризничал в это время, а моя мать смотрела на меня с благоговением и удивлялась, когда другие на меня смотрели иначе. Меня оберегали от труда. Только едва ли удалось оберечь, едва ли! Пришло время, надвигается на всех нас громада, готовится здоровая, сильная буря, которая идет, уже близка и скоро сдует с нашего общества лень, равнодушие, предубеждение к труду, гнилую скуку. Я буду работать, а через какие-нибудь двадцать пять — тридцать лет работать будет уже каждый человек. Каждый!

Чебутыкин. Я не буду работать.

Тузенбах. Вы не в счет.

Соленый. Через двадцать пять лет вас уже не будет на свете, слава богу. Года через два-три вы умрете от кондрашки, или я вспылю и всажу вам пулю в лоб, ангел мой. *(Вынимает из кармана флакон с духами и опрыскивает себе грудь, руки.)*

Чебутыкин *(смеется).* А я в самом деле никогда ничего не делал. Как вышел из университета, так не ударил пальцем о палец, даже ни одной книжки не прочел, а читал только одни газеты... *(Вынимает из кармана другую газету.)* Вот... Знаю по газетам, что был, положим, Добролюбов, а что он там писал — не знаю... Бог его знает...

Слышно, как стучат в пол из нижнего этажа.

Вот... Зовут меня вниз, кто-то ко мне пришел. Сейчас приду... погодите... *(Торопливо уходит, расчесывая бороду.)*

Ирина. Это он что-то выдумал.
Тузенбах. Да. Ушел с торжественной физиономией, очевидно, принесет вам сейчас подарок.
Ирина. Как это неприятно!
Ольга. Да, это ужасно. Он всегда делает глупости.
Маша. У лукоморья дуб зеленый, златая цепь на дубе том... Златая цепь на дубе том... *(Встает и напевает тихо.)*
Ольга. Ты сегодня невеселая, Маша.

Маша, напевая, надевает шляпу.

Куда ты?
Маша. Домой.
Ирина. Странно...
Тузенбах. Уходить с именин!
Маша. Все равно... Приду вечером. Прощай, моя хорошая... *(Целует Ирину.)* Желаю тебе еще раз, будь здорова, будь счастлива. В прежнее время, когда был жив отец, к нам на именины приходило всякий раз по тридцать — сорок офицеров, было шумно, а сегодня только полтора человека и тихо, как в пустыне... Я уйду... Сегодня я в мерехлюндии, невесело мне, и ты не слушай меня. *(Смеясь сквозь слезы.)* После поговорим, а пока прощай, моя милая, пойду куда-нибудь.
Ирина *(недовольная).* Ну, какая ты...
Ольга *(со слезами).* Я понимаю тебя, Маша.
Соленый. Если философствует мужчина, то это будет философистика или там софистика; если же философствует женщина или две женщины, то уж это будет — потяни меня за палец.
Маша. Что вы хотите этим сказать, ужасно страшный человек?

Соленый. Ничего. Он ахнуть не успел, как на него медведь насел.

Пауза.

Маша *(Ольге, сердито).* Не реви!

*Входят **Анфиса** и **Ферапонт** с тортом.*

Анфиса. Сюда, батюшка мой. Входи, ноги у тебя чистые. *(Ирине.)* Из земской управы, от Протопопова, Михаила Иваныча... Пирог.
Ирина. Спасибо. Поблагодари. *(Принимает торт.)*
Ферапонт. Чего?
Ирина *(громче).* Поблагодари!
Ольга. Нянечка, дай ему пирога. Ферапонт, иди, там тебе пирога дадут.
Ферапонт. Чего?
Анфиса. Пойдем, батюшка Ферапонт Спиридоныч. Пойдем... *(Уходит с Ферапонтом.)*
Маша. Не люблю я Протопопова, этого Михаила Потапыча или Иваныча. Его не следует приглашать.
Ирина. Я не приглашала.
Маша. И прекрасно.

*Входит **Чебутыкин**, за ним **солдат** с серебряным самоваром; гул изумления и недовольства.*

Ольга *(закрывает лицо руками).* Самовар! Это ужасно! *(Уходит в залу к столу.)*
Ирина. Голубчик Иван Романыч, что вы делаете!
Тузенбах *(смеется).* Я говорил вам!
Маша. Иван Романыч, у вас просто стыда нет!
Чебутыкин. Милые мои, хорошие мои, вы у меня

13

единственные, вы для меня самое дорогое, что только есть на свете. Мне скоро шестьдесят, я старик, одинокий, ничтожный старик... Ничего во мне нет хорошего, кроме этой любви к вам, и если бы не вы, то я бы давно уже не жил на свете... *(Ирине.)* Милая, деточка моя, я знал вас со дня вашего рождения... носил на руках... я любил покойницу маму...
Ирина. Но зачем такие дорогие подарки!
Чебутыкин *(сквозь слезы, сердито).* Дорогие подарки... Ну вас совсем! *(Денщику.)* Неси самовар туда... *(Дразнит.)* Дорогие подарки...

Денщик уносит самовар в залу.

Анфиса *(проходя через гостиную).* Милые, полковник незнакомый! Уж пальто снял, деточки, сюда идет. Аринушка, ты же будь ласковая, вежливенькая... *(Уходя.)* И завтракать уже давно пора... господи...
Тузенбах. Вершинин, должно быть.

*Входит **Вершинин**.*

Подполковник Вершинин!
Вершинин *(Маше и Ирине).* Честь имею представиться: Вершинин. Очень, очень рад, что наконец я у вас. Какие вы стали! Ай! ай!
Ирина. Садитесь, пожалуйста. Нам очень приятно.
Вершинин *(весело).* Как я рад, как я рад! Но ведь вас три сестры. Я помню — три девочки. Лиц уж не помню, но что у вашего отца, полковника Прозорова, были три маленькие девочки, я отлично помню и видел собственными глазами. Как идет время! Ой, ой, как идет время!
Тузенбах. Александр Игнатьевич из Москвы.

Ирина. Из Москвы? Вы из Москвы?
Вершинин. Да, оттуда. Ваш покойный отец был там батарейным командиром, а я в той же бригаде офицером. *(Маше.)* Вот ваше лицо немножко помню, кажется.
Маша. А я вас — нет!
Ирина. Оля! Оля! *(Кричит в залу.)* Оля, иди же!

Ольга входит из залы в гостиную.

Подполковник Вершинин, оказывается, из Москвы.
Вершинин. Вы, стало быть, Ольга Сергеевна, старшая... А вы Мария... А вы Ирина — младшая...
Ольга. Вы из Москвы?
Вершинин. Да. Учился в Москве и начал службу в Москве, долго служил там, наконец получил здесь батарею — перешел сюда, как видите. Я вас не помню, собственно, помню только, что вас было три сестры. Ваш отец сохранился у меня в памяти, вот закрою глаза и вижу как живого. Я у вас бывал в Москве...
Ольга. Мне казалось, я всех помню, и вдруг...
Вершинин. Меня зовут Александром Игнатьевичем...
Ирина. Александр Игнатьевич, вы из Москвы... Вот неожиданность!
Ольга. Ведь мы туда переезжаем.
Ирина. Думаем, к осени уже будем там. Наш родной город, мы родились там... На Старой Басманной улице...

Обе смеются от радости.

Маша. Неожиданно земляка увидели. *(Живо.)* Теперь вспомнила! Помнишь, Оля, у нас говорили: «влюбленный майор». Вы были тогда поручиком и в кого-то были влюблены, и вас все дразнили почему-то майором...

Вершинин *(смеется).* Вот, вот...Влюбленный майор, это так...

Маша. У вас были тогда только усы... О, как вы постарели! *(Сквозь слезы.)* Как вы постарели!

Вершинин. Да, когда меня звали влюбленным майором, я был еще молод, был влюблен. Теперь не то.

Ольга. Но у вас еще ни одного седого волоса. Вы постарели, но еще не стары.

Вершинин. Однако уже сорок третий год. Вы давно из Москвы?

Ирина. Одиннадцать лет. Ну, что ты, Маша, плачешь, чудачка... *(Сквозь слезы.)* И я заплачу...

Маша. Я ничего. А на какой вы улице жили?

Вершинин. На Старой Басманной.

Ольга. И мы там тоже...

Вершинин. Одно время я жил на Немецкой улице. С Немецкой улицы я хаживал в Красные казармы. Там по пути угрюмый мост, под мостом вода шумит. Одинокому становится грустно на душе.

Пауза.

А здесь какая широкая, какая богатая река! Чудесная река!

Ольга. Да, но только холодно. Здесь холодно и комары...

Вершинин. Что вы! Здесь такой здоровый, хороший, славянский климат. Лес, река... и здесь тоже березы. Милые, скромные березы, я люблю их больше всех деревьев. Хорошо здесь жить. Только странно, вокзал железной дороги в двадцати верстах... И никто не знает, почему это так.

Соленый. А я знаю, почему это так.

Все глядят на него.

Потому что если бы вокзал был близко, то не был бы далеко, а если он далеко, то, значит, не близко.

Неловкое молчание.

Тузенбах. Шутник, Василий Васильич.
Ольга. Теперь и я вспомнила вас. Помню.
Вершинин. Я вашу матушку знал.
Чебутыкин. Хорошая была, царство ей небесное.
Ирина. Мама в Москве погребена.
Ольга. В Ново-Девичьем...
Маша. Представьте, я уж начинаю забывать ее лицо. Так и о нас не будут помнить. Забудут.
Вершинин. Да. Забудут. Такова уж судьба наша, ничего не поделаешь. То, что кажется нам серьезным, значительным, очень важным, — придет время, — будет забыто или будет казаться неважным.

Пауза.

И интересно, мы теперь совсем не можем знать, что, собственно, будет считаться высоким, важным и что жалким, смешным. Разве открытие Коперника или, положим, Колумба не казалось в первое время ненужным, смешным, а какой-нибудь пустой вздор, написанный чудаком, не казался истиной? И может статься, что наша теперешняя жизнь, с которой мы так миримся, будет со временем казаться странной, неудобной, неумной, недостаточно чистой, быть может, даже грешной...

Тузенбах. Кто знает? А быть может, нашу жизнь назовут высокой и вспомнят о ней с уважением. Теперь нет пыток, нет казней, нашествий, но вместе с тем сколько страданий!
Соленый *(тонким голосом).* Цып, цып, цып... Барона кашей не корми, а только дай ему пофилософствовать.
Тузенбах. Василий Васильич, прошу вас оставить меня в покое... *(Садится на другое место.)* Это скучно наконец.
Соленый *(тонким голосом).* Цып, цып, цып...
Тузенбах *(Вершинину).* Страдания, которые наблюдаются теперь, — их так много! — говорят все-таки об известном нравственном подъеме, которого уже достигло общество...
Вершинин. Да, да, конечно.
Чебутыкин. Вы только что сказали, барон, нашу жизнь назовут высокой; но люди всё же низенькие... *(Встает.)* Глядите, какой я низенький. Это для моего утешения надо говорить, что жизнь моя высокая, понятная вещь.

За сценой игра на скрипке.

Маша. Это Андрей играет, наш брат.
Ирина. Он у нас ученый. Должно быть, будет профессором. Папа был военным, а его сын избрал себе ученую карьеру.
Маша. По желанию папы.
Ольга. Мы сегодня его задразнили. Он, кажется, влюблен немножко.
Ирина. В одну здешнюю барышню. Сегодня она будет у нас, по всей вероятности.
Маша. Ах, как она одевается! Не то чтобы некрасиво, не модно, а просто жалко. Какая-то странная, яркая,

желтоватая юбка с этакой пошленькой бахромой и красная кофточка. И щеки такие вымытые, вымытые! Андрей не влюблен — я не допускаю, все-таки у него вкус есть, а просто он так, дразнит нас, дурачится. Я вчера слышала, она выходит за Протопопова, председателя здешней управы. И прекрасно... *(В боковую дверь.)* Андрей, поди сюда! Милый, на минутку!

*Входит **Андрей**.*

Ольга. Это мой брат, Андрей Сергеич.
Вершинин. Вершинин.
Андрей. Прозоров. *(Утирает вспотевшее лицо.)* Вы к нам батарейным командиром?
Ольга. Можешь представить, Александр Игнатьич из Москвы.
Андрей. Да? Ну, поздравляю, теперь мои сестрицы не дадут вам покою.
Вершинин. Я уже успел надоесть вашим сестрам.
Ирина. Посмотрите, какую рамочку для портрета подарил мне сегодня Андрей! *(Показывает рамочку.)* Это он сам сделал.
Вершинин *(глядя на рамочку и не зная, что сказать).* Да... вещь...
Ирина. И вот ту рамочку, что над пианино, он тоже сделал.

Андрей машет рукой и отходит.

Ольга. Он у нас и ученый, и на скрипке играет, и выпиливает разные штучки — одним словом, мастер на все руки. Андрей, не уходи! У него манера — всегда уходить. Поди сюда!

Маша и Ирина берут его под руки и со смехом ведут назад.

Маша. Иди, иди!
Андрей. Оставьте, пожалуйста.
Маша. Какой смешной! Александра Игнатьевича называли когда-то влюбленным майором, и он нисколько не сердился.
Вершинин. Нисколько!
Маша. А я хочу тебя назвать: влюбленный скрипач!
Ирина. Или влюбленный профессор!..
Ольга. Он влюблен! Андрюша влюблен!
Ирина *(аплодируя).* Браво, браво! Бис! Андрюшка влюблен!
Чебутыкин *(подходит сзади к Андрею и берет его обеими руками за талию).* Для любви одной природа нас на свет произвела! *(Хохочет; он все время с газетой.)*
Андрей. Ну, довольно, довольно... *(Утирает лицо.)* Я всю ночь не спал и теперь немножко не в себе, как говорится. До четырех часов читал, потом лег, но ничего не вышло. Думал о том, о сем, а тут ранний рассвет, солнце так и лезет в спальню. Хочу за лето, пока буду здесь, перевести одну книжку с английского.
Вершинин. А вы читаете по-английски?
Андрей. Да. Отец, царство ему небесное, угнетал нас воспитанием. Это смешно и глупо, но в этом все-таки надо сознаться, после его смерти я стал полнеть и вот располнел в один год, точно мое тело освободилось от гнета. Благодаря отцу я и сестры знаем французский, немецкий и английский языки, а Ирина знает еще по-итальянски. Но чего это стоило!
Маша. В этом городе знать три языка ненужная

роскошь. Даже и не роскошь, а какой-то ненужный придаток, вроде шестого пальца. Мы знаем много лишнего.

Вершинин. Вот те на! *(Смеется.)* Знаете много лишнего! Мне кажется, нет и не может быть такого скучного и унылого города, в котором был бы не нужен умный, образованный человек. Допустим, что среди ста тысяч населения этого города, конечно, отсталого и грубого, таких, как вы, только три. Само собою разумеется, вам не победить окружающей вас темной массы; в течение нашей жизни мало-помалу вы должны будете уступить и затеряться в стотысячной толпе, вас заглушит жизнь, но все же вы не исчезнете, не останетесь без влияния; таких, как вы, после вас явится уже, быть может, шесть, потом двенадцать и так далее, пока наконец такие, как вы, не станут большинством. Через двести, триста лет жизнь на земле будет невообразимо прекрасной, изумительной. Человеку нужна такая жизнь, и если ее нет пока, то он должен предчувствовать ее, ждать, мечтать, готовиться к ней, он должен для этого видеть и знать больше, чем видели и знали его дед и отец. *(Смеется.)* А вы жалуетесь, что знаете много лишнего.

Маша *(снимает шляпу).* Я остаюсь завтракать.

Ирина *(со вздохом).* Право, все это следовало бы записать...

Андрея нет, он незаметно ушел.

Тузенбах. Через много лет, вы говорите, жизнь на земле будет прекрасной, изумительной. Это правда. Но, чтобы участвовать в ней теперь, хотя издали, нужно приготовляться к ней, нужно работать...

Вершинин *(встает).* Да. Сколько, однако, у вас цветов! *(Оглядываясь.)* И квартира чудесная. Завидую! А я всю жизнь мою болтался по квартиркам с двумя стульями, с одним диваном и с печами, которые всегда дымят. У меня в жизни не хватало именно вот таких цветов... *(Потирает руки.)* Эх! Ну, да что!
Тузенбах. Да, нужно работать. Вы небось думаете: расчувствовался немец. Но я, честное слово, русский и по-немецки даже не говорю. Отец у меня православный...

Пауза.

Вершинин *(ходит по сцене).* Я часто думаю: что, если бы начать жить снова, притом сознательно? Если бы одна жизнь, которая уже прожита, была, как говорится, начерно, другая — начисто! Тогда каждый из нас, я думаю, постарался бы прежде всего не повторять самого себя, по крайней мере создал бы для себя иную обстановку жизни, устроил бы себе такую квартиру с цветами, с массою света... У меня жена, двое девочек, притом жена дама нездоровая и так далее и так далее, ну, а если бы начинать жизнь сначала, то я не женился бы... Нет, нет!

Входит **Кулыгин** *в форменном фраке.*

Кулыгин *(подходит к Ирине).* Дорогая сестра, позволь мне поздравить тебя с днем твоего ангела и пожелать искренно, от души, здоровья и всего того, что можно пожелать девушке твоих лет. И потом поднести тебе в подарок вот эту книжку. *(Подает книжку.)* История нашей гимназии за пятьдесят лет, написанная мною. Пустяшная книжка, написана от нечего делать, но ты все-таки прочти. Здравствуйте, господа! *(Вершинину.)* Кулыгин, учитель здешней гимназии. Надворный советник. *(Ирине.)* В этой книжке ты найдешь список всех, кончивших курс в нашей гимназии за эти пятьдесят лет. Feci, quod potui, faciant meliora potentes.[1] *(Целует Машу.)*

Ирина. Но ведь на Пасху ты уже подарил мне такую книжку.

Кулыгин *(смеется).* Не может быть! В таком случае отдай назад или вот лучше отдай полковнику. Возьмите, полковник. Когда-нибудь прочтете от скуки.

Вершинин. Благодарю вас. *(Собирается уйти.)* Я чрезвычайно рад, что познакомился...

Ольга. Вы уходите? Нет, нет!

Ирина. Вы останетесь у нас завтракать. Пожалуйста.

Ольга. Прошу вас!

Вершинин *(кланяется).* Я, кажется, попал на именины. Простите, я не знал, не поздравил вас... *(Уходит с Ольгой в залу.)*

Кулыгин. Сегодня, господа, воскресный день, день отдыха, будем же отдыхать, будем веселиться, каждый сообразно со своим возрастом и положением. Ковры надо будет убрать на лето и спрятать до зимы... Персидским порошком или нафталином... Римляне были здоровы, потому что умели трудиться, умели и отдыхать, у них была mens sana in corpore sano.[2] Жизнь их текла по известным формам. Наш директор говорит: главное во всякой жизни — это ее форма... Что теряет свою форму, то кончается — и в нашей обыденной жизни то же самое. *(Берет Машу за*

---

1 Сделал, что мог, пусть, кто может, сделает лучше *(лат.).*
2 Здоровый дух в здоровом теле *(лат.).*

талию, смеясь.) Маша меня любит. Моя жена меня любит. И оконные занавески тоже туда с коврами... Сегодня я весел, в отличном настроении духа. Маша, в четыре часа сегодня мы у директора. Устраивается прогулка педагогов и их семейств.

Маша. Не пойду я.

Кулыгин *(огорченный).* Милая Маша, почему?

Маша. После об этом... *(Сердито.)* Хорошо, я пойду, только отстань, пожалуйста... *(Отходит.)*

Кулыгин. А затем вечер проведем у директора. Несмотря на свое болезненное состояние, этот человек старается прежде всего быть общественным. Превосходная, светлая личность. Великолепный человек. Вчера, после совета, он мне говорит: «Устал, Федор Ильич! Устал!» *(Смотрит на стенные часы, потом на свои.)* Ваши часы спешат на семь минут. Да, говорит, устал!

За сценой игра на скрипке.

Ольга. Господа, милости просим, пожалуйте завтракать! Пирог!

Кулыгин. Ах, милая моя Ольга, милая моя! Я вчера работал с утра до одиннадцати часов вечера, устал и сегодня чувствую себя счастливым. *(Уходит в залу к столу.)* Милая моя...

Чебутыкин *(кладет газету в карман, причесывает бороду).* Пирог? Великолепно!

Маша *(Чебутыкину, строго).* Только смотрите: ничего не пить сегодня. Слышите? Вам вредно пить.

Чебутыкин. Эва! У меня уж прошло. Два года как запоя не было. *(Нетерпеливо.)* Э, матушка, да не все ли равно!

Маша. Все-таки не смейте пить. Не смейте. *(Сердито,*

но так, чтобы не слышал муж.) Опять, черт подери, скучать целый вечер у директора!

Тузенбах. Я бы не пошел на вашем месте... Очень просто.

Чебутыкин. Не ходите, дуся моя.

Маша. Да, не ходите... Эта жизнь проклятая, невыносимая... *(Идет в залу.)*

Чебутыкин *(идет за ней).* Ну-у!

Соленый *(проходя в залу).* Цып, цып, цып...

Тузенбах. Довольно, Василий Васильич. Будет!

Соленый. Цып, цып, цып...

Кулыгин *(весело).* Ваше здоровье, полковник! Я педагог, и здесь, в доме, свой человек. Машин муж... Она добрая, очень добрая...

Вершинин. Я выпью вот этой темной водки... *(Пьет.)* Ваше здоровье! *(Ольге.)* Мне у вас так хорошо!..

В гостиной остаются только Ирина и Тузенбах.

Ирина. Маша сегодня не в духе. Она вышла замуж восемнадцати лет, когда он казался ей самым умным человеком. А теперь не то. Он самый добрый, но не самый умный.

Ольга *(нетерпеливо).* Андрей, иди же наконец!

Андрей *(за сценой).* Сейчас. *(Входит и идет к столу.)*

Тузенбах. О чем вы думаете?

Ирина. Так. Я не люблю и боюсь этого вашего Соленого. Он говорит одни глупости...

Тузенбах. Странный он человек. Мне и жаль его и досадно, но больше жаль. Мне кажется, он застенчив... Когда мы вдвоем с ним, то он бывает очень умен и ласков, а в обществе он грубый человек, бретер. Не ходите, пусть пока сядут за стол. Дайте мне побыть около вас. О чем вы думаете?

Пауза.

Вам двадцать лет, мне еще нет тридцати. Сколько лет нам осталось впереди, длинный, длинный ряд дней, полных моей любви к вам...
Ирина. Николай Львович, не говорите мне о любви.
Тузенбах *(не слушая).* У меня страстная жажда жизни, борьбы, труда, и эта жажда в душе слилась с любовью к вам, Ирина, и, как нарочно, вы прекрасны, и жизнь мне кажется такой прекрасной! О чем вы думаете?
Ирина. Вы говорите: прекрасна жизнь. Да, но если она только кажется такой! У нас, трех сестер, жизнь не была еще прекрасной, она заглушала нас, как сорная трава... Текут у меня слезы. Это не нужно... *(Быстро вытирает лицо, улыбается.)* Работать нужно, работать. Оттого нам невесело и смотрим мы на жизнь так мрачно, что не знаем труда. Мы родились от людей, презиравших труд...

Наталья Ивановна *входит; она в розовом платье, с зеленым поясом.*

Наташа. Там уже завтракать садятся... Я опоздала... *(Мельком глядится в зеркало, поправляется.)* Кажется, причесана ничего себе... *(Увидев Ирину.)* Милая Ирина Сергеевна, поздравляю вас! *(Целует крепко и продолжительно.)* У вас много гостей, мне, право, совестно... Здравствуйте, барон!
Ольга *(входя в гостиную).* Ну, вот и Наталия Ивановна. Здравствуйте, моя милая!

Целуются.

Наташа. С именинницей. У вас такое большое общество, я смущена ужасно...
Ольга. Полно, у нас всё свои. *(Вполголоса, испуганно.)* На вас зеленый пояс! Милая, это нехорошо!
Наташа. Разве есть примета?
Ольга. Нет, просто не идет... и как-то странно...
Наташа *(плачущим голосом).* Да? Но ведь это не зеленый, а скорее матовый. *(Идет за Ольгой в залу.)*

В зале садятся завтракать; в гостиной ни души.

Кулыгин. Желаю тебе, Ирина, жениха хорошего. Пора тебе уж выходить.
Чебутыкин. Наталья Ивановна, и вам женишка желаю.
Кулыгин. У Натальи Ивановны уже есть женишок.
Маша *(стучит вилкой по тарелке).* Выпью рюмочку винца! Эхма, жизнь малиновая, где наша не пропадала!
Кулыгин. Ты ведешь себя на три с минусом.
Вершинин. А наливка вкусная. На чем это настояно?
Соленый. На тараканах.
Ирина *(плачущим голосом).* Фу! Фу! Какое отвращение!..
Ольга. За ужином будет жареная индейка и сладкий пирог с яблоками. Слава богу, сегодня целый день я дома, вечером — дома... Господа, вечером приходите.
Вершинин. Позвольте и мне прийти вечером!
Ирина. Пожалуйста.
Наташа. У них попросту.
Чебутыкин. Для любви одной природа нас на свет произвела. *(Смеется.)*
Андрей *(сердито).* Перестаньте, господа! Не надоело вам.

Федотик и Родэ входят с большой корзиной цветов.

Федотик. Однако уже завтракают.
Родэ *(громко и картавя).* Завтракают? Да, уже завтракают...
Федотик. Погоди минутку! *(Снимает фотографию.)* Раз! Погоди еще немного... *(Снимает другую фотографию.)* Два! Теперь готово!

Берут корзину и идут в залу, где их встречают с шумом.

Родэ *(громко).* Поздравляю, желаю всего, всего! Погода сегодня очаровательная, одно великолепие. Сегодня все утро гулял с гимназистами. Я преподаю в гимназии гимнастику...
Федотик. Можете двигаться, Ирина Сергеевна, можете! *(Снимая фотографию.)* Вы сегодня интересны. *(Вынимает из кармана волчок.)* Вот, между прочим, волчок... Удивительный звук...
Ирина. Какая прелесть!
Маша. У лукоморья дуб зеленый, златая цепь на дубе том... Златая цепь на дубе том... *(Плаксиво.)* Ну, зачем я это говорю? Привязалась ко мне эта фраза с самого утра...
Кулыгин. Тринадцать за столом!
Родэ *(громко).* Господа, неужели вы придаете значение предрассудкам?

Смех.

Кулыгин. Если тринадцать за столом, то, значит, есть тут влюбленные. Уж не вы ли, Иван Романович, чего доброго...

Смех.

Чебутыкин. Я старый грешник, а вот отчего Наталья Ивановна сконфузилась, решительно понять не могу.

Громкий смех; Наташа выбегает из залы в гостиную, за ней Андрей.

Андрей. Полно, не обращайте внимания! Погодите... постойте, прошу вас...
Наташа. Мне стыдно... Я не знаю, что со мной делается, а они поднимают меня на смех. То, что я сейчас вышла из-за стола, неприлично, но я не могу... не могу... *(Закрывает лицо руками.)*
Андрей. Дорогая моя, прошу вас, умоляю, не волнуйтесь. Уверяю вас, они шутят, они от доброго сердца. Дорогая моя, моя хорошая, они все добрые, сердечные люди и любят меня и вас. Идите сюда к окну, нас здесь не видно им... *(Оглядывается.)*
Наташа. Я так не привыкла бывать в обществе!..
Андрей. О молодость, чудная, прекрасная молодость! Моя дорогая, моя хорошая, не волнуйтесь так!.. Верьте мне, верьте... Мне так хорошо, душа полна любви, восторга... О, нас не видят! Не видят! За что, за что я полюбил вас, когда полюбил — о, ничего не понимаю. Дорогая моя, хорошая, чистая, будьте моей женой! Я вас люблю, люблю... как никого никогда...

Поцелуй.
Два офицера *входят и, увидев целующуюся пару, останавливаются в изумлении.*

Занавес

Действие второе

Декорация первого акта.
Восемь часов вечера. За сценой на улице едва слышно играют на гармонике. Нет огня. Входит **Наталья Ивановна** *в капоте, со свечой; она идет и останавливается у двери, которая ведет в комнату Андрея.*

Наташа. Ты, Андрюша, что делаешь? Читаешь? Ничего, я так только... *(Идет, отворяет другую дверь и, заглянув в нее, затворяет.)* Огня нет ли...
Андрей *(входит с книгой в руке).* Ты что, Наташа?
Наташа. Смотрю, огня нет ли... Теперь Масленица, прислуга сама не своя, гляди да и гляди, чтоб чего не вышло. Вчера в полночь прохожу через столовую, а там свеча горит. Кто зажег, так и не добилась толку. *(Ставит свечу.)* Который час?
Андрей *(взглянув на часы).* Девятого четверть.
Наташа. А Ольги и Ирины до сих пор еще нет. Не пришли. Все трудятся, бедняжки. Ольга на педагогическом совете, Ирина на телеграфе... *(Вздыхает.)* Сегодня утром говорю твоей сестре: «Побереги, говорю, себя, Ирина, голубчик». И не слушает. Четверть девятого, говоришь? Я боюсь, Бобик наш совсем нездоров. Отчего он холодный такой? Вчера у него был жар, а сегодня холодный весь... Я так боюсь!
Андрей. Ничего, Наташа. Мальчик здоров.

Наташа. Но все-таки лучше пускай диета. Я боюсь. И сегодня в десятом часу, говорили, ряженые у нас будут, лучше бы они не приходили, Андрюша.
Андрей. Право, я не знаю. Их ведь звали.
Наташа. Сегодня мальчишечка проснулся утром и глядит на меня, и вдруг улыбнулся: значит, узнал. «Бобик, говорю, здравствуй! Здравствуй, милый!» А он смеется. Дети понимают, отлично понимают. Так, значит, Андрюша, я скажу, чтобы ряженых не принимали.
Андрей *(нерешительно).* Да ведь это как сестры. Они тут хозяйки.
Наташа. И они тоже, я им скажу. Они добрые... *(Идет.)* К ужину я велела простокваши. Доктор говорит, тебе нужно одну простоквашу есть, иначе не похудеешь. *(Останавливается.)* Бобик холодный. Я боюсь, ему холодно в его комнате, пожалуй. Надо бы хоть до теплой погоды поместить его в другой комнате. Например, у Ирины комната как раз для ребенка: и сухо, и целый день солнце. Надо ей сказать, она пока может с Ольгой в одной комнате... Все равно днем дома не бывает, только ночует...

Пауза.

Андрюшанчик, отчего ты молчишь?
Андрей. Так, задумался... Да и нечего говорить...
Наташа. Да... что-то я хотела тебе сказать... Ах да, там из управы Ферапонт пришел, тебя спрашивает.
Андрей *(зевает).* Позови его.

Наташа уходит; Андрей, нагнувшись к забытой ею свече, читает книгу. Входит **Ферапонт** *, он в старом трепаном пальто, с поднятым воротником, уши* *повязаны.*

Здравствуй, душа моя. Что скажешь?
Ферапонт. Председатель прислал книжку и бумагу какую-то. Вот... *(Подает книгу и пакет.)*
Андрей. Спасибо. Хорошо. Отчего же ты пришел так не рано? Ведь девятый час уже.
Ферапонт. Чего?
Андрей *(громче).* Я говорю, поздно пришел, уже девятый час.
Ферапонт. Так точно. Я пришел к вам, еще светло было, да не пускали всё. Барин, говорят, занят. Ну что ж. Занят так занят, спешить мне некуда. *(Думая, что Андрей спрашивает его о чем-то.)* Чего?
Андрей. Ничего. *(Рассматривая книгу.)* Завтра пятница, у нас нет присутствия, но я все равно приду... Займусь. Дома скучно...

Пауза.

Милый дед, как странно меняется, как обманывает жизнь! Сегодня от скуки, от нечего делать, я взял в руки вот эту книгу — старые университетские лекции, и мне стало смешно... Боже мой, я секретарь земской управы, той управы, где председательствует Протопопов, я секретарь, и самое большее, на что я могу надеяться, — это быть членом земской управы! Мне быть членом здешней земской управы, мне, которому снится каждую ночь, что я профессор Московского университета, знаменитый ученый, которым гордится русская земля!
Ферапонт. Не могу знать... Слышу-то плохо...
Андрей. Если бы ты слышал как следует, то я, быть может, и не говорил бы с тобой. Мне нужно говорить с

кем-нибудь, а жена меня не понимает, сестер я боюсь почему-то, боюсь, что они засмеют меня, застыдят... Я не пью, трактиров не люблю, но с каким удовольствием я посидел бы теперь в Москве у Тестова или в Большом Московском, голубчик мой.
Ферапонт. А в Москве, в управе давеча рассказывал подрядчик, какие-то купцы ели блины; один, который съел сорок блинов, будто помер. Не то сорок, не то пятьдесят. Не упомню.
Андрей. Сидишь в Москве, в громадной зале ресторана, никого не знаешь, и тебя никто не знает, и в то же время не чувствуешь себя чужим. А здесь ты всех знаешь и тебя все знают, но чужой, чужой... Чужой и одинокий.
Ферапонт. Чего?

Пауза.

И тот же подрядчик сказывал — может, и врет, — будто поперек всей Москвы канат протянут.
Андрей. Для чего?
Ферапонт. Не могу знать. Подрядчик говорил.
Андрей. Чепуха. *(Читает книгу.)* Ты был когда-нибудь в Москве?
Ферапонт *(после паузы).* Не был. Не привел бог.

Пауза.

Мне идти?
Андрей. Можешь идти. Будь здоров.

Ферапонт уходит.

Будьздоров. *(Читая.)* Завтра утром придешь,

возьмешь тут бумаги... Ступай...

Пауза.

Он ушел.

Звонок.

Да, дела... *(Потягивается и не спеша уходит к себе.)*

За сценой поет нянька, укачивая ребенка.
Входят **Маша** *и* **Вершинин**. *Пока они беседуют, горничная зажигает лампу и свечи.*

Маша. Не знаю.

Пауза.

Незнаю. Конечно, много значит привычка. После смерти отца, например, мы долго не могли привыкнуть к тому, что у нас уже нет денщиков. Но и помимо привычки, мне кажется, говорит во мне просто справедливость. Может быть, в других местах и не так, но в нашем городе самые порядочные, самые благородные и воспитанные люди — это военные.
Вершинин. Мне пить хочется. Я бы выпил чаю.
Маша *(взглянув на часы).* Скоро дадут. Меня выдали замуж, когда мне было восемнадцать лет, и я своего мужа боялась, потому что он был учителем, а я тогда едва кончила курс. Он казался мне тогда ужасно ученым, умным и важным. А теперь уж не то, к сожалению.
Вершинин. Так... да.
Маша. Про мужа я не говорю, к нему я привыкла, но

между штатскими вообще так много людей грубых, нелюбезных, невоспитанных. Меня волнует, оскорбляет грубость, я страдаю, когда вижу, что человек недостаточно тонок, недостаточно мягок, любезен. Когда мне случается быть среди учителей, товарищей мужа, то я просто страдаю...

Вершинин. Да-с... Но мне кажется, все равно, что штатский, что военный, одинаково неинтересно, по крайней мере в этом городе. Все равно! Если послушать здешнего интеллигента, штатского или военного, то с женой он замучился, с домом замучился, с имением замучился, с лошадьми замучился... Русскому человеку в высшей степени свойствен возвышенный образ мыслей, но скажите, почему в жизни он хватает так невысоко? Почему?

Маша. Почему?

Вершинин. Почему он с детьми замучился, с женой замучился? А почему жена и дети с ним замучились?

Маша. Вы сегодня немножко не в духе.

Вершинин. Может быть. Я сегодня не обедал, ничего не ел с утра. У меня дочь больна немножко, а когда болеют мои девочки, то мною овладевает тревога, меня мучает совесть за то, что у них такая мать. О, если бы вы видели ее сегодня! Что за ничтожество! Мы начали браниться с семи часов утра, а в девять я хлопнул дверью и ушел.

Пауза.

Я никогда не говорю об этом и, странно, жалуюсь только вам одной. *(Целует руку.)* Не сердитесь на меня. Кроме вас одной, у меня нет никого, никого...

Пауза.

Маша. Какой шум в печке. У нас незадолго до смерти отца гудело в трубе. Вот точно так.
Вершинин. Вы с предрассудками?
Маша. Да.
Вершинин. Странно это. *(Целует руку.)* Вы великолепная, чудная женщина. Великолепная, чудная! Здесь темно, но я вижу блеск ваших глаз.
Маша *(садится на другой стул).* Здесь светлей...
Вершинин. Я люблю, люблю, люблю... Люблю ваши глаза, ваши движения, которые мне снятся... Великолепная, чудная женщина!
Маша *(тихо смеясь).* Когда вы говорите со мной так, то я почему-то смеюсь, хотя мне страшно. Не повторяйте, прошу вас... *(Вполголоса.)* А впрочем, говорите, мне все равно... *(Закрывает лицо руками.)* Мне все равно. Сюда идут, говорите о чем-нибудь другом...

Ирина и *Тузенбах* *входят через залу.*

Тузенбах. У меня тройная фамилия. Меня зовут барон Тузенбах-Кроне-Альтшауер, но я русский, православный, как вы. Немецкого у меня осталось мало, разве только терпеливость, упрямство, с каким я надоедаю вам. Я провожаю вас каждый вечер.
Ирина. Как я устала!
Тузенбах. И каждый день буду приходить на телеграф и провожать вас домой, буду десять — двадцать лет, пока вы не прогоните... *(Увидев Машу и Вершинина, радостно.)* Это вы? Здравствуйте.
Ирина. Вот я и дома наконец. *(Маше.)* Сейчас приходит одна дама, телеграфирует своему брату в Саратов, что у ней сегодня сын умер, и никак не может вспомнить адреса. Так и послала без адреса, просто в

Саратов. Плачет. И я ей нагрубила ни с того ни с сего. «Мне, говорю, некогда». Так глупо вышло. Сегодня у нас ряженые?
Маша. Да.
Ирина *(садится в кресло).* Отдохнуть. Устала.
Тузенбах *(с улыбкой).* Когда вы приходите с должности, то кажетесь такой молоденькой, несчастненькой...

Пауза.

Ирина. Устала. Нет, не люблю я телеграфа, не люблю.
Маша. Ты похудела... *(Насвистывает.)* И помолодела, и на мальчишку стала похожа лицом.
Тузенбах. Это от прически.
Ирина. Надо поискать другую должность, а эта не по мне. Чего я так хотела, о чем мечтала, того-то в ней именно и нет. Труд без поэзии, без мыслей...

Стук в пол.

Докторстучит. *(Тузенбаху.)* Милый, постучите... Я не могу... устала...

Тузенбах стучит в пол.

Сейчас придет. Надо бы принять какие-нибудь меры. Вчера доктор и наш Андрей были в клубе и опять проигрались. Говорят, Андрей двести рублей проиграл.
Маша *(равнодушно).* Что ж теперь делать!
Ирина. Две недели назад проиграл, в декабре проиграл. Скорее бы все проиграл, быть может, уехали бы из этого города. Господи боже мой, мне Москва

снится каждую ночь, я совсем как помешанная. *(Смеется.)* Мы переезжаем туда в июне, а до июня осталось еще... февраль, март, апрель, май... почти полгода!

Маша. Надо только, чтобы Наташа не узнала как-нибудь о проигрыше.

Ирина. Ей, я думаю, все равно.

Чебутыкин, *только что вставший с постели, — он отдыхал после обеда, — входит в залу и причесывает бороду, потом садится за стол и вынимает из кармана газету.*

Маша. Вот пришел... Он заплатил за квартиру?

Ирина *(смеется.)* Нет. За восемь месяцев ни копеечки. Очевидно, забыл.

Маша *(смеется).* Как он важно сидит!

Все смеются; пауза.

Ирина. Что вы молчите, Александр Игнатьич?

Вершинин. Не знаю. Чаю хочется. Полжизни за стакан чаю! С утра ничего не ел...

Чебутыкин. Ирина Сергеевна!

Ирина. Что вам?

Чебутыкин. Пожалуйте сюда. Venez ici.[1]

Ирина идет и садится за стол.

Я без вас не могу.

Ирина раскладывает пасьянс.

---

1 Идите сюда *(фр.).*

Вершинин. Что ж? Если не дают чаю, то давайте хоть пофилософствуем.

Тузенбах. Давайте. О чем?

Вершинин. О чем? Давайте помечтаем... например, о той жизни, какая будет после нас, лет через двести — триста.

Тузенбах. Что ж? После нас будут летать на воздушных шарах, изменятся пиджаки, откроют, быть может, шестое чувство и разовьют его, но жизнь останется все та же, жизнь трудная, полная тайн и счастливая. И через тысячу лет человек будет так же вздыхать: «Ах, тяжко жить!» — вместе с тем точно так же, как теперь, он будет бояться и не хотеть смерти.

Вершинин *(подумав).* Как вам сказать? Мне кажется, все на земле должно измениться мало-помалу и уже меняется на наших глазах. Через двести — триста, наконец тысячу лет, — дело не в сроке, — настанет новая, счастливая жизнь. Участвовать в этой жизни мы не будем, конечно, но мы для нее живем теперь, работаем, ну, страдаем, мы творим ее — и в этом одном цель нашего бытия и, если хотите, наше счастье.

Маша тихо смеется.

Тузенбах. Что вы?

Маша. Не знаю. Сегодня весь день смеюсь с утра.

Вершинин. Я кончил там же, где и вы, в академии я не был; читаю я много, но выбирать книг не умею и читаю, быть может, совсем не то, что нужно, а между тем, чем больше живу, тем больше хочу знать. Мои волосы седеют, я почти старик уже, но знаю мало, ах, как мало! Но все же, мне кажется, самое главное и настоящее я знаю, крепко знаю. И как бы мне хотелось доказать вам, что счастья нет, не должно быть и не будет для нас... Мы должны только работать и работать, а счастье — это удел наших далеких потомков.

Пауза.

Не я, то хоть потомки потомков моих.

Федотик и **Родэ** *показываются в зале; они садятся и напевают тихо, наигрывая на гитаре.*

Тузенбах. По-вашему, даже не мечтать о счастье! Но если я счастлив!
Вершинин. Нет.
Тузенбах *(всплеснув руками и смеясь).* Очевидно, мы не понимаем друг друга. Ну, как мне убедить вас?

Маша тихо смеется.

(Показывая ей палец.) Смейтесь! *(Вершинину.)* Не то что через двести или триста, но и через миллион лет жизнь останется такою же, как и была; она не меняется, остается постоянною, следуя своим собственным законам, до которых вам нет дела или, по крайней мере, которых вы никогда не узнаете. Перелетные птицы, журавли, например, летят и летят, и какие бы мысли, высокие или малые, ни бродили в их головах, все же будут лететь и не знать, зачем и куда. Они летят и будут лететь, какие бы философы ни завелись среди них; и пускай философствуют, как хотят, лишь бы летели...
Маша. Все-таки смысл?
Тузенбах. Смысл... Вот снег идет. Какой смысл?

Пауза.

Маша. Мне кажется, человек должен быть верующим пли должен искать веры, иначе жизнь его пуста, пуста... Жить и не знать, для чего журавли летят, для чего дети родятся, для чего звезды на небе... Или знать, для чего живешь, или же все пустяки, трын-трава.

Пауза.

Вершинин. Все-таки жалко, что молодость прошла...
Маша. У Гоголя сказано: скучно жить на этом свете, господа!
Тузенбах. А я скажу: трудно с вами спорить, господа! Ну вас совсем...
Чебутыкин *(читая газету).* Бальзак венчался в Бердичеве.

Ирина напевает тихо.

Даже запишу себе это в книжку. *(Записывает.)* Бальзак венчался в Бердичеве. *(Читает газету.)*
Ирина *(раскладывает пасьянс, задумчиво).* Бальзак венчался в Бердичеве.
Тузенбах. Жребий брошен. Вы знаете, Мария Сергеевна, я подал в отставку.
Маша. Слышала. И ничего я не вижу в этом хорошего. Не люблю я штатских.
Тузенбах. Все равно... *(Встает.)* Я некрасив, какой я военный? Ну, да все равно, впрочем... Буду работать. Хоть один день в моей жизни поработать так, чтобы прийти вечером домой, в утомлении повалиться в постель и уснуть тотчас же. *(Уходя в залу.)* Рабочие,

должно быть, спят крепко!
Федотик *(Ирине).* Сейчас на Московской у Пыжикова купил для вас цветных карандашей. И вот этот ножичек...
Ирина. Вы привыкли обращаться со мной, как с маленькой, но ведь я уже выросла... *(Берет карандаши и ножичек, радостно.)* Какая прелесть!
Федотик. А для себя я купил ножик... вот поглядите... нож, еще другой нож, третий, это в ушах ковырять, это ножнички, это ногти чистить...
Родэ *(громко).* Доктор, сколько вам лет?
Чебутыкин. Мне? Тридцать два.

Смех.

Федотик. Я сейчас покажу вам другой пасьянс... *(Раскладывает пасьянс.)*

Подают самовар; **Анфиса** *около самовара; немного погодя приходит* **Наташа** *и тоже суетится около стола; приходит* **Соленый** *и, поздоровавшись, садится за стол.*

Вершинин. Однако какой ветер!
Маша. Да. Надоела зима. Я уже и забыла, какое лето.
Ирина. Выйдет пасьянс, я вижу. Будем в Москве.
Федотик. Нет, не выйдет. Видите, осьмерка легла на двойку пик. *(Смеется.)* Значит, вы не будете в Москве.
Чебутыкин *(читает газету).* Цицикар. Здесь свирепствует оспа.
Анфиса *(подходя к Маше).* Маша, чай кушать, матушка. *(Вершинину.)* Пожалуйте, ваше высокоблагородие... простите, батюшка, забыла имя, отчество...

Маша. Принеси сюда, няня. Туда не пойду.
Ирина. Няня!
Анфиса. Иду-у!
Наташа *(Соленому).* Грудные дети прекрасно понимают. «Здравствуй, говорю, Бобик. Здравствуй, милый!» Он взглянул на меня как-то особенно. Вы думаете, во мне говорит только мать, но нет, нет, уверяю вас! Это необыкновенный ребенок.
Соленый. Если бы этот ребенок был мой, то я изжарил бы его на сковородке и съел бы. *(Идет со стаканом в гостиную и садится в угол.)*
Наташа *(закрыв лицо руками).* Грубый, невоспитанный человек!
Маша. Счастлив тот, кто не замечает, лето теперь или зима. Мне кажется, если бы я была в Москве, то относилась бы равнодушно к погоде...
Вершинин. На днях я читал дневник одного французского министра, писанный в тюрьме. Министр был осужден за Панаму. С каким упоением, восторгом упоминает он о птицах, которых видит в тюремном окне и которых не замечал раньше, когда был министром. Теперь, конечно, когда он выпущен на свободу, он уже по-прежнему не замечает птиц. Так же и вы не будете замечать Москвы, когда будете жить в ней. Счастья у нас нет и не бывает, мы только желаем его.
Тузенбах *(берет со стола коробку).* Где же конфеты?
Ирина. Соленый съел.
Тузенбах. Все?
Анфиса *(подавая чай).* Вам письмо, батюшка.
Вершинин. Мне? *(Берет письмо.)* От дочери. *(Читает.)* Да, конечно... Я, извините, Мария Сергеевна, уйду потихоньку. Чаю не буду пить. *(Встает, взволнованный.)* Вечно эти истории...

Маша. Что такое? Не секрет?
Вершинин *(тихо).* Жена опять отравилась. Надо идти. Я пройду незаметно. Ужасно неприятно все это. *(Целует Маше руку.)* Милая моя, славная, хорошая женщина... Я здесь пройду потихоньку... *(Уходит.)*
Анфиса. Куда ж он? А я чай подала... Экой какой.
Маша *(рассердившись).* Отстань! Пристаешь тут, покоя от тебя нет... *(Идет с чашкой к столу.)* Надоела ты мне, старая!
Анфиса. Что ж ты обижаешься? Милая!
Голос Андрея: «Анфиса!»
(Дразнит.) Анфиса! Сидит там... *(Уходит.)*
Маша *(в зале у стола, сердито).* Дайте же мне сесть! *(Мешает на столе карты.)* Расселись тут с картами. Пейте чай!
Ирина. Ты, Машка, злая.
Маша. Раз я злая, не говорите со мной. Не трогайте меня!
Чебутыкин *(смеясь).* Не трогайте ее, не трогайте...
Маша. Вам шестьдесят лет, а вы, как мальчишка, всегда городите черт знает что.
Наташа *(вздыхает).* Милая Маша, к чему употреблять в разговоре такие выражения? При твоей прекрасной наружности в приличном светском обществе ты, я тебе прямо скажу, была бы просто очаровательна, если бы не эти твои слова. Je vous prie pardonnez moi, Marie, mais vous avez des manières un peu grossières.[1]
Тузенбах *(сдерживая смех).* Дайте мне... дайте мне... Там, кажется, коньяк...
Наташа. Il parait, que mon Бобик deja ne dort pas,[2] проснулся. Он у меня сегодня нездоров. Я пойду к

---

1 Прошу извинить меня, Мари, но у вас несколько грубые манеры *(фр.)* .

2 Кажется, мой Бобик уже не спит *(фр.)* .

нему, простите... *(Уходит.)*
Ирина. А куда ушел Александр Игнатьич?
Маша. Домой. У него опять с женой что-то необычайное.
Тузенбах *(идет к Соленому, в руках графинчик с коньяком).* Все вы сидите одни, о чем-то думаете — и не поймешь, о чем. Ну, давайте мириться. Давайте выпьем коньяку.

Пьют.

Сегодня мне придется играть на пианино всю ночь, вероятно, играть всякий вздор. Куда ни шло!
Соленый. Почему мириться? Я с вами не ссорился.
Тузенбах. Всегда вы возбуждаете такое чувство, как будто между нами что-то произошло. У вас характер странный, надо сознаться.
Соленый *(декламируя).* Я странен, не странен кто ж! Не сердись, Алеко!
Тузенбах. И при чем тут Алеко...

Пауза.

Соленый. Когда я вдвоем с кем-нибудь, то ничего, я как все, но в обществе я уныл, застенчив и... говорю всякий вздор. Но все-таки я честнее и благороднее очень, очень многих... И могу это доказать.
Тузенбах. Я часто сержусь на вас, вы постоянно придираетесь ко мне, когда мы бываем в обществе, но все же вы мне симпатичны почему-то. Куда ни шло, напьюсь сегодня. Выпьем!
Соленый. Выпьем.

Пьют.

Я против вас, барон, никогда ничего не имел. Но у меня характер Лермонтова. *(Тихо.)* Я даже немножко похож на Лермонтова... как говорят... *(Достает из кармана флакон с духами и льет на руки.)*
Тузенбах. Подаю в отставку. Баста! Пять лет все раздумывал и наконец решил. Буду работать.
Соленый *(декламируя).* Не сердись, Алеко... Забудь, забудь мечтания свои...

*Пока они говорят, **Андрей** входит с книгой тихо и садится у свечи.*

Тузенбах. Буду работать...
Чебутыкин *(идя в гостиную с Ириной).* И угощение было тоже настоящее кавказское: суп с луком, а на жаркое — чехартма, мясное.
Соленый. Черемша вовсе не мясо, а растение вроде нашего лука.
Чебутыкин. Нет-с, ангел мой. Чехартма не лук, а жаркое из баранины.
Соленый. А я вам говорю, черемша — лук.
Чебутыкин. А я вам говорю, чехартма — баранина.
Соленый. А я вам говорю, черемша — лук.
Чебутыкин. Что же я буду с вами спорить. Вы никогда не были на Кавказе и не ели чехартмы.
Соленый. Не ел, потому что терпеть не могу. От черемши такой же запах, как от чеснока.
Андрей *(умоляюще).* Довольно, господа! Прошу вас!
Тузенбах. Когда придут ряженые?
Ирина. Обещали к девяти; значит, сейчас.
Тузенбах *(обнимает Андрея).* Ах, вы, сени, мои сени, сени новые мои...
Андрей *(пляшет и поет).* Сени новые, кленовые...
Чебутыкин *(пляшет).* Решетчаты-е!

Смех.

Тузенбах *(целует Андрея).* Черт возьми, давайте выпьем, Андрюша, давайте выпьем на «ты». И я с тобой, Андрюша, в Москву, в университет.
Соленый. В какой? В Москве два университета.
Андрей. В Москве один университет.
Соленый. А я вам говорю — два.
Андрей. Пускай хоть три. Тем лучше.
Соленый. В Москве два университета!

Ропот и шиканье.

В Москве два университета: старый и новый. А если вам неугодно слушать, если мои слова раздражают вас, то я могу не говорить. Я даже могу уйти в другую комнату... *(Уходит в одну из дверей.)*
Тузенбах. Браво, браво! *(Смеется.)* Господа, начинайте, я сажусь играть! Смешной этот Соленый... *(Садится за пианино, играет вальс.)*
Маша *(танцует вальс одна).* Барон пьян, барон пьян, барон пьян!

Входит **Наташа***.*

Наташа *(Чебутыкину).* Иван Романыч! *(Говорит о чем-то Чебутыкину, потом тихо уходит.)*

Чебутыкин трогает Тузенбаха за плечо и шепчет ему о чем-то.

Ирина. Что такое?
Чебутыкин. Нам пора уходить. Будьте здоровы.
Тузенбах. Спокойной ночи. Пора уходить.

Ирина. Позвольте... А ряженые?..
Андрей *(сконфуженный).* Ряженых не будет. Видишь ли, моя милая, Наташа говорит, что Бобик не совсем здоров, и потому... Одним словом, я не знаю, мне решительно все равно.
Ирина *(пожимая плечами).* Бобик нездоров!
Маша. Где наша не пропадала! Гонят, стало быть, надо уходить. *(Ирине.)* Не Бобик болен, а она сама... Вот! *(Стучит пальцем по лбу.)* Мещанка!

Андрей уходит в правую дверь к себе, Чебутыкин идет за ним; в зале прощаются.

Федотик. Какая жалость! Я рассчитывал провести вечерок, но если болен ребеночек, то, конечно... Я завтра принесу ему игрушек...
Родэ *(громко).* Я сегодня нарочно выспался после обеда, думал, что всю ночь буду танцевать. Ведь теперь только девять часов.
Маша. Выйдем на улицу, там потолкуем. Решим, что и как.

Слышно: «Прощайте! Будьте здоровы!» Слышен веселый смех Тузенбаха. Все уходят. Анфиса и горничная убирают со стола, тушат огни. Слышно, как поет нянька. **Андрей** *в пальто и шляпе и* **Чебутыкин** *тихо входят.*

Чебутыкин. Жениться я не успел, потому что жизнь промелькнула, как молния, да и потому, что безумно любил твою матушку, которая была замужем...
Андрей. Жениться не нужно. Не нужно, потому что скучно.
Чебутыкин. Так-то оно так, да одиночество. Как там

ни философствуй, а одиночество страшная штука, голубчик мой... Хотя, в сущности... конечно, решительно все равно!
Андрей. Пойдемте скорей.
Чебутыкин. Что же спешить? Успеем.
Андрей. Я боюсь, жена бы не остановила.
Чебутыкин. А!
Андрей. Сегодня я играть не стану, только так посижу. Нездоровится... Что мне делать, Иван Романыч, от одышки?
Чебутыкин. Что спрашивать! Не помню, голубчик. Не знаю.
Андрей. Пройдем кухней.

Звонок, потом опять звонок; слышны голоса, смех. Уходят.

Ирина *(входит).* Что там?
Анфиса *(шепотом).* Ряженые!

Звонок.

Ирина. Скажи, нянечка, дома нет никого. Пусть извинят.

Анфиса уходит. Ирина в раздумье ходит по комнате; она взволнована. Входит **Соленый**.

Соленый *(в недоумении).* Никого нет... А где же все?
Ирина. Ушли домой.
Соленый. Странно. Вы одни тут?
Ирина. Одна.

Пауза.

Прощайте.

Соленый. Давеча я вел себя недостаточно сдержанно, нетактично. Но вы не такая, как все, вы высоки и чисты, вам видна правда... Только вы одна можете понять меня. Я люблю, глубоко, бесконечно люблю...

Ирина. Прощайте! Уходите.

Соленый. Я не могу жить без вас. *(Идя за ней.)* О мое блаженство! *(Сквозь слезы.)* О счастье! Роскошные, чудные, изумительные глаза, каких я не видел ни у одной женщины...

Ирина *(холодно).* Перестаньте, Василий Васильич!

Соленый. Первый раз я говорю о любви к вам, и точно я не на земле, а на другой планете. *(Трет себе лоб.)* Ну, да все равно. Насильно мил не будешь, конечно... Но счастливых соперников у меня не должно быть... Не должно... Клянусь вам всем святым, соперника я убью... О чудная!

Наташа проходит со свечой.

Наташа *(заглядывает в одну дверь, в другую и проходит мимо двери, ведущей в комнату мужа).* Тут Андрей. Пусть читает. Вы простите, Василий Васильич, я не знала, что вы здесь, я по-домашнему...

Соленый. Мне все равно. Прощайте! *(Уходит.)*

Наташа. А ты устала, милая, бедная моя девочка! *(Целует Ирину.)* Ложилась бы спать пораньше.

Ирина. Бобик спит?

Наташа. Спит. Но неспокойно спит. Кстати, милая, я хотела тебе сказать, да все то тебя нет, то мне некогда... Бобику в теперешней детской, мне кажется, холодно и сыро. А твоя комната такая хорошая для ребенка. Милая, родная, переберись пока к Оле!

Ирина *(не понимая).* Куда?

Слышно, к дому подъезжает тройка с бубенчиками.

Наташа. Ты с Олей будешь в одной комнате, пока что, а твою комнату Бобику. Он такой милашка, сегодня я говорю ему: «Бобик, ты мой! Мой!» А он на меня смотрит своими глазеночками.

Звонок.

Должно быть, Ольга. Как она поздно!

Горничная *подходит к Наташе и шепчет ей на ухо.*

Протопопов? Какой чудак. Приехал Протопопов, зовет меня покататься с ним на тройке. *(Смеется.)* Какие странные эти мужчины...

Звонок.

Кто-то тампришел. Поехать разве на четверть часика прокатиться... *(Горничной.)* Скажи, сейчас.

Звонок.

Звонят... там Ольга, должно быть... *(Уходит.)*

Горничная убегает; Ирина сидит задумавшись; входят **Кулыгин**, **Ольга**, *за ними* **Вершинин**.

Кулыгин. Вот тебе и раз. А говорили, что у них будет вечер.
Вершинин. Странно, я ушел недавно, полчаса назад, и ждали ряженых...
Ирина. Все ушли.

Кулыгин. И Маша ушла? Куда она ушла? А зачем Протопопов внизу ждет на тройке? Кого он ждет?

Ирина. Не задавайте вопросов... Я устала.

Кулыгин. Ну, капризница...

Ольга. Совет только что кончился. Я замучилась. Наша начальница больна, теперь я вместо нее. Голова, голова болит, голова... *(Садится.)* Андрей проиграл вчера в карты двести рублей... Весь город говорит об этом...

Кулыгин. Да, и я устал на совете. *(Садится.)*

Вершинин. Жена моя сейчас вздумала попугать меня, едва не отравилась. Все обошлось, и я рад, отдыхаю теперь... Стало быть, надо уходить? Что ж, позвольте пожелать всего хорошего. Федор Ильич, поедемте со мной куда-нибудь! Я дома не могу оставаться, совсем не могу... Поедемте!

Кулыгин. Устал. Не поеду. *(Встает.)* Устал. Жена домой пошла?

Ирина. Должно быть.

Кулыгин *(целует Ирине руку).* Прощай. Завтра и послезавтра целый день отдыхать. Всего хорошего! *(Идет.)* Чаю очень хочется. Рассчитывал провести вечер в приятном обществе и — о, fallacem hominum spem![1] Винительный падеж при восклицании...

Вершинин. Значит, один поеду. *(Уходит с Кулыгиным, посвистывая.)*

Ольга. Голова болит, голова... Андрей проиграл... весь город говорит... Пойду лягу. *(Идет.)* Завтра я свободна... О, боже мой, как это приятно! Завтра свободна, послезавтра свободна... Голова болит, голова... *(Уходит.)*

Ирина *(одна).* Все ушли. Никого нет.

---

1 О, призрачная надежда людская! *(лат.)*

На улице гармоника, нянька поет песню.

Наташа *(в шубе и шапке идет через залу; за ней горничная).* Через полчаса я буду дома. Только проедусь немножко. *(Уходит.)*
Ирина *(оставшись одна, тоскует).* В Москву! В Москву! В Москву!

Занавес

Действие третье

*Комната Ольги и Ирины. Налево и направо постели, загороженные ширмами. Третий час ночи. За сценой бьют в набат по случаю пожара, начавшегося уже давно. Видно, что в доме еще не ложились спать. На диване лежит **Маша**, одетая, как обыкновенно, в черное платье. Входят **Ольга** и **Анфиса**.*

Анфиса. Сидят теперь внизу под лестницей... Я говорю — «пожалуйте наверх, нешто, говорю, можно так», — плачут. «Папаша, говорят, не знаем где. Не дай бог, говорят, сгорел». Выдумали! И на дворе какие-то... тоже раздетые.

Ольга *(вынимает из шкапа платье).* Вот это серенькое возьми... И вот это... кофточку тоже... И эту юбку бери, нянечка... Что же это такое, боже мой! Кирсановский переулок весь сгорел, очевидно... Это возьми... Это возьми... *(Кидает ей на руки платье.)* Вершинины, бедные, напугались... Их дом едва не сгорел. Пусть у нас переночуют... домой их нельзя пускать... У бедного Федотика все сгорело, ничего не осталось...

Анфиса. Ферапонта позвала бы, Олюшка, а то не донесу...

Ольга *(звонит).* Не дозвонишься... *(В дверь.)* Подите сюда, кто там есть!

В открытую дверь видно окно, красное от зарева; слышно, как мимо дома проезжает пожарная команда.

Какой это ужас! И как надоело!

Входит **Ферапонт**.

Вот возьми снеси вниз... Там под лестницей стоят барышни Колотилины... отдай им. И это отдай...
Ферапонт. Слушаю. В двенадцатом году Москва тоже горела. Господи ты боже мой! Французы удивлялись.
Ольга. Иди, ступай.
Ферапонт. Слушаю. *(Уходит.)*
Ольга. Нянечка, милая, все отдавай. Ничего нам не надо, все отдавай, нянечка... Я устала, едва на ногах стою... Вершининых нельзя отпускать домой... Девочки лягут в гостиной, а Александра Игнатьича вниз к барону... Федотика тоже к барону, или пусть у нас в зале... Доктор, как нарочно, пьян, ужасно пьян, и к нему никого нельзя. И жену Вершинина тоже в гостиной.
Анфиса *(утомленно)*. Олюшка, милая, не гони ты меня! Не гони!
Ольга. Глупости ты говоришь, няня. Никто тебя не гонит.
Анфиса *(кладет ей голову на грудь)*. Родная моя, золотая моя, я тружусь, я работаю... Слаба стану, все скажут: пошла! А куда я пойду? Куда? Восемьдесят лет. Восемьдесят второй год...
Ольга. Ты посиди, нянечка... Устала ты, бедная... *(Усаживает ее.)* Отдохни, моя хорошая. Побледнела как!

Наташа входит.

Наташа. Там, говорят, поскорее нужно составить общество для помощи погорельцам. Что ж? Прекрасная мысль. Вообще нужно помогать бедным людям, это обязанность богатых. Бобик и Софочка спят себе, спят как ни в чем не бывало. У нас так много народу везде, куда ни пойдешь, полон дом. Теперь в городе инфлюэнца, боюсь, как бы не захватили дети.
Ольга *(не слушая ее).* В этой комнате не видно пожара, тут покойно...
Наташа. Да... Я, должно быть, растрепанная. *(Перед зеркалом.)* Говорят, я пополнела... и неправда! Ничуть! А Маша спит, утомилась, бедная... *(Анфисе, холодно.)* При мне не смей сидеть! Встань! Ступай отсюда!

Анфиса уходит; пауза.

И зачем ты держишь эту старуху, не понимаю!
Ольга *(оторопев).* Извини, я тоже не понимаю...
Наташа. Ни к чему она тут. Она крестьянка, должна в деревне жить... Что за баловство! Я люблю в доме порядок! Лишних не должно быть в доме. *(Гладит ее по щеке.)* Ты, бедняжка, устала! Устала наша начальница! А когда моя Софочка вырастет и поступит в гимназию, я буду тебя бояться.
Ольга. Не буду я начальницей.
Наташа. Тебя выберут, Олечка. Это решено.
Ольга. Я откажусь. Не могу... Это мне не по силам... *(Пьет воду.)* Ты сейчас так грубо обошлась с няней... Прости, я не в состоянии переносить... в глазах потемнело...

Наташа *(взволнованно).* Прости, Оля, прости... Я не хотела тебя огорчать.

Маша встает, берет подушку и уходит, сердитая.

Ольга. Пойми, милая... мы воспитаны, быть может, странно, но я не переношу этого. Подобное отношение угнетает меня, я заболеваю... я просто падаю духом!

Наташа. Прости, прости... *(Целует ее.)*

Ольга. Всякая, даже малейшая, грубость, неделикатно сказанное слово волнует меня...

Наташа. Я часто говорю лишнее, это правда, но согласись, моя милая, она могла бы жить в деревне.

Ольга. Она уже тридцать лет у нас.

Наташа. Но ведь теперь она не может работать! Или я не понимаю, или же ты не хочешь меня понять! Она не способна к труду, она только спит или сидит.

Ольга. И пускай сидит.

Наташа *(удивленно).* Как пускай сидит? Но ведь она же прислуга. *(Сквозь слезы.)* Я тебя не понимаю, Оля. У меня нянька есть, кормилица есть, у нас горничная, кухарка... для чего же нам еще эта старуха? Для чего?

За сценой бьют в набат.

Ольга. В эту ночь я постарела на десять лет.

Наташа. Нам нужно уговориться, Оля. Ты в гимназии, я — дома, у тебя ученье, у меня — хозяйство. И если я говорю что насчет прислуги, то знаю, что говорю; я знаю, что го-во-рю... И чтоб завтра же не было здесь этой старой воровки, старой хрычовки... *(стучит ногами)* этой ведьмы!.. Не сметь меня раздражать! Не сметь! *(Спохватившись.)* Право, если ты не переберешься вниз, то мы всегда будем ссориться. Это ужасно.

*Входит **Кулыгин**.*

Кулыгин. Где Маша? Пора бы уже домой. Пожар, говорят, стихает. *(Потягивается.)* Сгорел только один квартал, а ведь был ветер, вначале казалось, что горит весь город. *(Садится.)* Утомился. Олечка моя милая... Я часто думаю: если бы не Маша, то я на тебе бы женился, Олечка. Ты очень хорошая... Замучился. *(Прислушивается.)*
Ольга. Что?
Кулыгин. Как нарочно, у доктора запой, пьян он ужасно. Как нарочно! *(Встает.)* Вот он идет сюда, кажется... Слышите? Да, сюда... *(Смеется.)* Экий какой, право... я спрячусь... *(Идет к шкапу и становится в углу.)* Этакий разбойник.
Ольга. Два года не пил, а тут вдруг взял и напился... *(Идет с Наташей в глубину комнаты.)*

Чебутыкин *входит; не шатаясь, как трезвый, проходит по комнате, останавливается, смотрит, потом подходит к рукомойнику и начинает мыть руки.*

Чебутыкин *(угрюмо).* Черт бы всех побрал... подрал... Думают, что я доктор, умею лечить всякие болезни, а я не знаю решительно ничего, все позабыл, что знал, ничего не помню, решительно ничего.

Ольга и Наташа, незаметно для него, уходят.

Черт бы побрал. В прошлую среду лечил на Засыпи женщину — умерла, и я виноват, что она умерла. Да...

Кое-что знал лет двадцать пять назад, а теперь ничего не помню. Ничего. Может быть, я и не человек, а только вот делаю вид, что у меня и руки, и ноги, и голова; может быть, я и не существую вовсе, а только кажется мне, что я хожу, ем, сплю. *(Плачет.)* О, если бы не существовать! *(Перестает плакать, угрюмо.)* Черт знает... Третьего дня разговор в клубе; говорят, Шекспир, Вольтер... Я не читал, совсем не читал, а на лице своем показал, будто читал. И другие тоже, как я. Пошлость! Низость! И та женщина, что уморил в среду, вспомнилась... и все вспомнилось, и стало на душе криво, гадко, мерзко... пошел запил...

Ирина, Вершинин и Тузенбах входят; на Тузенбахе штатское платье, новое и модное.

Ирина. Здесь посидим. Сюда никто не войдет.
Вершинин. Если бы не солдаты, то сгорел бы весь город. Молодцы! *(Потирает от удовольствия руки.)* Золотой народ! Ах, что за молодцы!
Кулыгин *(подходя к ним).* Который час, господа?
Тузенбах. Уже четвертый час. Светает.
Ирина. Все сидят в зале, никто не уходит. И ваш этот Соленый сидит... *(Чебутыкину.)* Вы бы, доктор, шли спать.
Чебутыкини. Ничего-с... Благодарю-с. *(Причесывает бороду.)*
Кулыгин *(смеется).* Назюзюкался, Иван Романыч! *(Хлопает по плечу.)* Молодец! In vino veritas,[1] — говорили древние.
Тузенбах. Меня все просят устроить концерт в пользу погорельцев.
Ирина. Ну, кто там...

---
[1] Истина в вине *(лат.)*.

Тузенбах. Можно бы устроить, если захотеть. Марья Сергеевна, по-моему, играет на рояле чудесно.
Кулыгин. Чудесно играет!
Ирина. Она уже забыла. Три года не играла... или четыре.
Тузенбах. Здесь в городе решительно никто не понимает музыки, ни одна душа, но я, я понимаю и честным словом уверяю вас, что Мария Сергеевна играет великолепно, почти талантливо.
Кулыгин. Вы правы, барон. Я ее очень люблю, Машу. Она славная.
Тузенбах. Уметь играть так роскошно и в то же время сознавать, что тебя никто, никто не понимает!
Кулыгин *(вздыхает).* Да... Но прилично ли ей участвовать в концерте?

Пауза.

Я ведь, господа, ничего не знаю. Может быть, это и хорошо будет. Должен признаться, наш директор хороший человек, даже очень хороший, умнейший, но у него такие взгляды... Конечно, не его дело, но все-таки, если хотите, то я, пожалуй, поговорю с ним.

Чебутыкин берет в руки фарфоровые часы и рассматривает их.

Вершинин. На пожаре я загрязнился весь, ни на что не похож.

Пауза.

Вчера я мельком слышал, будто нашу бригаду хотят перевести куда-то далеко. Одни говорят, в Царство

Польское, другие — будто в Читу.
Тузенбах. Я тоже слышал. Что ж? Город тогда совсем опустеет.
Ирина. И мы уедем!
Чебутыкин *(роняет часы, которые разбиваются).* Вдребезги!

Пауза; все огорчены и сконфужены.

Кулыгин *(подбирая осколки).* Разбить такую дорогую вещь — ах, Иван Романыч, Иван Романыч! Ноль с минусом вам за поведение!
Ирина. Это часы покойной мамы.
Чебутыкин. Может быть... Мамы так мамы. Может, я не разбивал, а только кажется, что разбил. Может быть, нам только кажется, что мы существуем, а на самом деле нас нет. Ничего я не знаю, никто ничего не знает. *(У двери.)* Что смотрите? У Наташи романчик с Протопоповым, а вы не видите... Вы вот сидите тут и ничего не видите, а у Наташи романчик с Протопоповым... *(Поет.)* Не угодно ль этот финик вам принять... *(Уходит.)*
Вершинин. Да... *(Смеется.)* Как все это, в сущности, странно!

Пауза.

Когда начался пожар, я побежал скорей домой; подхожу, смотрю — дом наш цел и невредим и вне опасности, но мои две девочки стоят у порога в одном белье, матери нет, суетится народ, бегают лошади, собаки, и у девочек на лицах тревога, ужас, мольба, не знаю что; сердце у меня сжалось, когда я увидел эти лица. Боже мой, думаю, что придется пережить еще этим девочкам в течение долгой жизни! Я хватаю их, бегу и все думаю одно: что им придется еще пережить на этом свете!

Набат; пауза.

Прихожу сюда, а мать здесь, кричит, сердится.

Маша *входит с подушкой и садится на диван.*

И когда мои девочки стояли у порога в одном белье и улица была красной от огня, был страшный шум, то я подумал, что нечто похожее происходило много лет назад, когда набегал неожиданно враг, грабил, зажигал... Между тем, в сущности, какая разница между тем, что есть и что было! А пройдет еще немного времени, каких-нибудь двести — триста лет, и на нашу теперешнюю жизнь так же будут смотреть и со страхом и с насмешкой, все нынешнее будет казаться и угловатым, и тяжелым, и очень неудобным, и странным. О, наверное, какая это будет жизнь, какая жизнь! *(Смеется.)* Простите, я опять зафилософствовался. Позвольте продолжать, господа. Мне ужасно хочется философствовать, такое у меня теперь настроение.

Пауза.

Точно спят все. Так я говорю: какая это будет жизнь! Вы можете себе только представить... Вот таких, как вы, в городе теперь только три, но в следующих поколениях будет больше, все больше и больше, и придет время, когда все изменится по-вашему, жить будут по-вашему, а потом и вы устареете, народятся люди, которые будут лучше вас... *(Смеется.)* Сегодня у меня какое-то особенное настроение. Хочется жить чертовски... *(Поет.)* Любви все возрасты покорны, ее порывы благотворны... *(Смеется.)*

Маша. Трам-там-там...
Вершинин. Там-там...
Маша. Тра-ра-ра?
Вершинин. Тра-та-та. *(Смеется.)*

Входит **Федотик**.

Федотик *(танцует).* Погорел, погорел! Весь дочиста!

Смех.

Ирина. Что ж за шутки. Все сгорело?
Федотик *(смеется).* Все дочиста. Ничего не осталось. И гитара сгорела, и фотография сгорела, и все мои письма... И хотел подарить вам записную книжечку — тоже сгорела.

Входит **Соленый**.

Ирина. Нет, пожалуйста, уходите, Василий Васильич. Сюда нельзя.
Соленый. Почему же это барону можно, а мне нельзя?
Вершинин. Надо уходить в самом деле. Как пожар?
Соленый. Говорят, стихает. Нет, мне положительно странно, почему это барону можно, а мне нельзя? *(Вынимает флакон с духами и прыскается.)*
Вершинин. Трам-там-там?
Маша. Трам-там.
Вершинин *(смеется, Соленому).* Пойдемте в залу.
Соленый. Хорошо-с, так и запишем. Мысль эту можно

б боле пояснить, да боюсь, как бы гусей не раздразнить... *(Глядя на Тузенбаха.)* Цып, цып, цып... *(Уходит с Вершининым и Федотиком.)*

Ирина. Как накурил этот Соленый... *(В недоумении.)* Барон спит! Барон! Барон!

Тузенбах *(очнувшись).* Устал я, однако... Кирпичный завод... Это я не брежу, а в самом деле скоро поеду на кирпичный завод, начну работать... Уже был разговор. *(Ирине, нежно.)* Вы такая бледная, прекрасная, обаятельная... Мне кажется, ваша бледность проясняет темный воздух, как свет... Вы печальны, вы недовольны жизнью... О, поедемте со мной, поедемте работать вместе!..

Маша. Николай Львович, уходите отсюда.

Тузенбах *(смеясь).* Вы здесь? Я не вижу. *(Целует Ирине руку.)* Прощайте, я пойду... Я гляжу на вас теперь, и вспоминается мне, как когда-то давно, в день ваших именин, вы, бодрая, веселая, говорили о радостях труда... И какая мне тогда мерещилась счастливая жизнь! Где она? *(Целует руку.)* У вас слезы на глазах. Ложитесь спать, уж светает... начинается утро... Если бы мне было позволено отдать за вас жизнь свою!

Маша. Николай Львович, уходите! Ну что, право...

Тузенбах. Ухожу... *(Уходит.)*

Маша *(ложась).* Ты спишь, Федор?

Кулыгин. А?

Маша. Шел бы домой.

Кулыгин. Милая моя Маша, дорогая моя Маша...

Ирина. Она утомилась. Дал бы ей отдохнуть, Федя.

Кулыгин. Сейчас уйду... Жена моя хорошая, славная... Люблю тебя, мою единственную...

Маша *(сердито).* Amo, amas, amat, amamus, amatis,

amant.[1]

Кулыгин *(смеется).* Нет, право, она удивительная. Женат я на тебе семь лет, а кажется, что венчались только вчера. Честное слово. Нет, право, ты удивительная женщина. Я доволен, я доволен, я доволен!

Маша. Надоело, надоело, надоело... *(Встает и говорит сидя.)* И вот не выходит у меня из головы... Просто возмутительно. Сидит гвоздем в голове, не могу молчать. Я про Андрея... Заложил он этот дом в банке, и все деньги забрала его жена, а ведь дом принадлежит не ему одному, а нам четверым! Он должен это знать, если он порядочный человек.

Кулыгин. Охота тебе, Маша! На что тебе? Андрюша кругом должен, ну, и бог с ним.

Маша. Это, во всяком случае, возмутительно. *(Ложится.)*

Кулыгин. Мы с тобой не бедны. Я работаю, хожу в гимназию, потом уроки даю... Я честный человек. Простой... Omnia mea mecum porto,[2] как говорится.

Маша. Мне ничего не нужно, но меня возмущает несправедливость.

Пауза.

Ступай, Федор!

Кулыгин *(целует ее).* Ты устала, отдохни с полчасика, а я там посижу, подожду. Спи... *(Идет.)* Я доволен, я доволен, я доволен. *(Уходит.)*

Ирина. В самом деле, как измельчал наш Андрей, как он выдохся и постарел около этой женщины! Когда-то готовился в профессора, а вчера хвалился, что попал

---

1 Люблю, любишь и т. д. *(лат.)*.
2 Все мое ношу с собой *(лат.)*.

наконец в члены земской управы. Он член управы, а Протопопов председатель... Весь город говорит, смеется, и только он один ничего не знает и не видит... И вот все побежали на пожар, а он сидит у себя в комнате и никакого внимания. Только на скрипке играет. *(Нервно.)* О, ужасно, ужасно, ужасно! *(Плачет.)* Я не могу, не могу переносить больше!.. Не могу, не могу!..

Ольга *входит, убирает около своего столика.*

(Громко рыдает.) Выбросьте меня, выбросьте, я больше не могу!..
Ольга *(испугавшись).* Что ты, что ты? Милая!
Ирина *(рыдая).* Куда? Куда все ушло? Где оно? О, боже мой, боже мой! Я все забыла, забыла... У меня перепуталось в голове... Я не помню, как по-итальянски окно или вот потолок... Все забываю, каждый день забываю, а жизнь уходит и никогда не вернется, никогда, никогда мы не уедем в Москву... Я вижу, что не уедем...
Ольга. Милая, милая...
Ирина *(сдерживаясь).* О, я несчастная... Не могу я работать, не стану работать. Довольно, довольно! Была телеграфисткой, теперь служу в городской управе и ненавижу и презираю все, что только мне дают делать... Мне уже двадцать четвертый год, работаю уже давно, и мозг высох, похудела, подурнела, постарела, и ничего, ничего, никакого удовлетворения, а время идет, и все кажется, что уходишь от настоящей прекрасной жизни, уходишь все дальше и дальше, в какую-то пропасть. Я в отчаянии, и как я жива, как не убила себя до сих пор, не понимаю.

Ольга. Не плачь, моя девочка, не плачь... Я страдаю.
Ирина. Я не плачу, не плачу... Довольно... Ну, вот я уже не плачу. Довольно... Довольно!
Ольга. Милая, говорю тебе как сестра, как друг, если хочешь моего совета, выходи за барона!

Ирина тихо плачет.

Ведь ты его уважаешь, высоко ценишь... Он, правда, некрасивый, но он такой порядочный, чистый... Ведь замуж выходят не из любви, а только для того, чтобы исполнить свой долг. Я, по крайней мере, так думаю, и я бы вышла без любви. Кто бы ни посватал, все равно бы пошла, лишь бы порядочный человек. Даже за старика бы пошла...
Ирина. Я все ждала, переселимся в Москву, там мне встретится мой настоящий, я мечтала о нем, любила... Но оказалось, все вздор, все вздор...
Ольга *(обнимает сестру).* Милая моя, прекрасная сестра, я все понимаю; когда барон Николай Львович оставил военную службу и пришел к нам в пиджаке, то показался мне таким некрасивым, что я даже заплакала... Он спрашивает: «Что вы плачете?» Как я ему скажу! Но если бы бог привел ему жениться на тебе, то я была бы счастлива. Тут ведь другое, совсем другое.

Наташа со свечой проходит через сцену из правой двери в левую молча.

Маша *(садится).* Она ходит так, как будто она подожгла.
Ольга. Ты, Маша, глупая. Самая глупая в нашей семье — это ты. Извини, пожалуйста.

Пауза.

Маша. Мне хочется каяться, милые сестры. Томится душа моя. Покаюсь вам и уж больше никому, никогда... Скажу сию минуту. *(Тихо.)* Это моя тайна, но вы все должны знать... Не могу молчать...

Пауза.

Я люблю, люблю... Люблю этого человека... Вы его только что видели. Ну, да что там. Одним словом, люблю Вершинина...
Ольга *(идет к себе за ширмы).* Оставь это. Я все равно не слышу.
Маша. Что же делать! *(Берется за голову.)* Он казался мне сначала странным, потом я жалела его... потом полюбила... полюбила с его голосом, его словами, несчастьями, двумя девочками...
Ольга *(за ширмой).* Я не слышу все равно. Какие бы ты глупости ни говорила, я все равно не слышу.
Маша. Э, глупая ты, Оля. Люблю — такая, значит, судьба моя. Значит, доля моя такая... И он меня любит... Это все страшно. Да? Нехорошо это? *(Тянет Ирину за руку, привлекает к себе.)* О моя милая... Как-то мы проживем нашу жизнь, что из нас будет... Когда читаешь роман какой-нибудь, то кажется, что все это старо и все так понятно, а как сама полюбишь, то и видно тебе, что никто ничего не знает и каждый должен решать сам за себя... Милые мои, сестры мои... Призналась вам, теперь буду молчать... Буду теперь, как гоголевский сумасшедший... молчание... молчание...

Андрей, за ним **Ферапонт**.

Андрей *(сердито).* Что тебе нужно? Я не понимаю.
Ферапонт *(в дверях, нетерпеливо).* Я, Андрей Сергеевич, уже говорил раз десять.
Андрей. Во-первых, я тебе не Андрей Сергеевич, а ваше высокоблагородие!
Ферапонт. Пожарные, ваше высокородие, просят, позвольте на реку садом проехать. А то кругом ездиют, ездиют — чистое наказание.
Андрей. Хорошо. Скажи, хорошо.

Ферапонт уходит.

Надоели. Где Ольга?

Ольга *выходит из-за ширмы.*

Я пришел к тебе, дай мне ключ от шкапа, я затерял свой. У тебя есть такой маленький ключик.

Ольга подает ему молча ключ. Ирина идет к себе за ширму. Пауза.

А какой громадный пожар! Теперь стало утихать. Черт знает, разозлил меня этот Ферапонт, я сказал ему глупость... Ваше высокоблагородие...

Пауза.

Что же ты молчишь, Оля?

Пауза.

Пора уже оставить эти глупости и не дуться так, здорово живешь. Ты, Маша, здесь, Ирина здесь, ну вот

прекрасно — объяснимся начистоту, раз навсегда. Что вы имеете против меня? Что?
Ольга. Оставь, Андрюша. Завтра объяснимся. *(Волнуясь.)* Какая мучительная ночь!
Андрей *(он очень смущен).* Не волнуйся. Я совершенно хладнокровно вас спрашиваю: что вы имеете против меня? Говорите прямо.
Голос Вершинина: «Трам-там-там!»
Маша *(встает, громко).* Тра-та-та! *(Ольге.)* Прощай, Оля, господь с тобой. *(Идет за ширму, целует Ирину.)* Спи покойно... Прощай, Андрей. Уходи, они утомлены... завтра объяснишься... *(Уходит.)*
Ольга. В самом деле, Андрюша, отложим до завтра... *(Идет к себе за ширму.)* Спать пора.
Андрей. Только скажу и уйду. Сейчас... Во-первых, вы имеете что-то против Наташи, моей жены, и это я замечаю с самого дня моей свадьбы. Наташа прекрасный, честный человек, прямой и благородный — вот мое мнение. Свою жену я люблю и уважаю, понимаете, уважаю, и требую, чтобы ее уважали также и другие. Повторяю, она честный, благородный человек, а все ваши неудовольствия, простите, это просто капризы.

Пауза.

Во-вторых, вы как будто сердитесь за то, что я не профессор, не занимаюсь наукой. Но я служу в земстве, я член земской управы, и это свое служение считаю таким же святым и высоким, как служение науке. Я член земской управы и горжусь этим, если желаете знать...

Пауза.

В-третьих... Я еще имею сказать... Я заложил дом, не испросив у вас позволения... В этом я виноват, да, и прошу меня извинить. Меня побудили к этому долги... тридцать пять тысяч... Я уже не играю в карты, давно бросил, но главное, что могу сказать в свое оправдание, это то, что вы девушки, вы получаете пенсию, я же не имел... заработка, так сказать...

Пауза.

Кулыгин *(в дверь).* Маши здесь нет? *(Встревоженно.)* Где же она? Это странно... *(Уходит.)*
Андрей. Не слушают. Наташа превосходный, честный человек. *(Ходит по сцене молча, потом останавливается.)* Когда я женился, я думал, что мы будем счастливы... все счастливы... Но боже мой... *(Плачет.)* Милые мои сестры, дорогие сестры, не верьте мне, не верьте... *(Уходит.)*
Кулыгин *(в дверь, встревоженно).* Где Маша? Здесь Маши нет? Удивительное дело. *(Уходит.)*

Набат, сцена пустая.

Ирина *(за ширмами).* Оля! Кто это стучит в пол?
Ольга. Это доктор Иван Романыч. Он пьян.
Ирина. Какая беспокойная ночь!

Пауза.

Оля! *(Выглядывает из-за ширмы.)* Слышала? Бригаду берут от нас, переводят куда-то далеко.
Ольга. Это слухи только.
Ирина. Останемся мы тогда одни... Оля!
Ольга. Ну?

Ирина. Милая, дорогая, я уважаю, я ценю барона, он прекрасный человек, я выйду за него, согласна, только поедем в Москву! Умоляю тебя, поедем! Лучше Москвы ничего нет на свете! Поедем, Оля! Поедем!

Занавес

Действие четвертое

Старый сад при доме Прозоровых. Длинная еловая аллея, в конце которой видна река. На той стороне реки — лес. Направо терраса дома; здесь на столе бутылки и стаканы; видно, что только что пили шампанское. Двенадцать часов дня. С улицы к реке через сад ходят изредка прохожие; быстро проходят человек **пять солдат**. **Чебутыкин** *в благодушном настроении, которое не покидает его в течение всего акта, сидит в кресле, в саду, ждет, когда его позовут; он в фуражке и с палкой.* **Ирина**, **Кулыгин**, *с орденом на шее, без усов, и* **Тузенбах**, *стоя на террасе, провожают* **Федотика** *и* **Родэ**, *которые сходят вниз; оба офицера в походной форме.*

Тузенбах *(целуется с Федотиком).* Вы хороший, мы жили так дружно. *(Целуется с Родэ.)* Еще раз... Прощайте, дорогой мой!
Ирина. До свиданья!
Федотик. Не до свиданья, а прощайте, мы больше уж никогда не увидимся!
Кулыгин. Кто знает! *(Вытирает глаза, улыбается.)* Вот я и заплакал.
Ирина. Когда-нибудь встретимся.
Федотик. Лет через десять — пятнадцать? Но тогда мы едва узнаем друг друга, холодно поздороваемся... *(Снимает фотографию.)* Стойте... Еще в последний

раз.

Родэ *(обнимает Тузенбаха).* Не увидимся больше... *(Целует руку Ирине.)* Спасибо за все, за все!

Федотик *(с досадой).* Да постой!

Тузенбах. Даст бог, увидимся. Пишите же нам. Непременно пишите.

Родэ *(окидывает взглядом сад).* Прощайте, деревья! *(Кричит.)* Гоп-гоп!

Пауза.

Прощай, эхо!

Кулыгин. Чего доброго, женитесь там в Польше... Жена-полька обнимет и скажет: «Кохане!» *(Смеется.)*

Федотик *(взглянув на часы).* Осталось меньше часа. Из нашей батареи только Соленый пойдет на барже, мы же со строевой частью. Сегодня уйдут три батареи дивизионно, завтра опять три — и в городе наступит тишина и спокойствие.

Тузенбах. И скучища страшная.

Родэ. А Мария Сергеевна где?

Кулыгин. Маша в саду.

Федотик. С ней проститься.

Родэ. Прощайте, надо уходить, а то я заплачу... *(Обнимает быстро Тузенбаха и Кулыгина, целует руку Ирине.)* Прекрасно мы здесь пожили...

Федотик *(Кулыгину).* Это вам на память... книжка с карандашиком... Мы здесь пойдем к реке...

Отходят, оба оглядываются.

Родэ *(кричит).* Гоп-гоп!

Кулыгин *(кричит).* Прощайте.

В глубине сцены Федотик и Родэ встречаются с Машей и прощаются с нею; она уходит с ними.

Ирина. Ушли... *(Садится на нижнюю ступень террасы.)*
Чебутыкин. А со мной забыли проститься.
Ирина. Вы же чего?
Чебутыкин. Да и я как-то забыл. Впрочем, скоро увижусь с ними, ухожу завтра. Да... Еще один денек остался. Через год дадут мне отставку, опять приеду сюда и буду доживать свой век около вас... Мне до пенсии только один годочек остался... *(Кладет в карман газету, вынимает другую.)* Приеду сюда к вам и изменю жизнь коренным образом... Стану таким тихоньким, благо... благоугодным, приличненьким...
Ирина. А вам надо бы изменить жизнь, голубчик. Надо бы как-нибудь.
Чебутыкин. Да. Чувствую. *(Тихо напевает.)* Тарара... бумбия... сижу на тумбе я...
Кулыгин. Неисправим Иван Романыч! Неисправим.
Чебутыкин. Да, вот к вам бы на выучку. Тогда бы исправился.
Ирина. Федор сбрил себе усы. Видеть не могу!
Кулыгин. А что?
Чебутыкин. Я бы сказал, на что теперь похожа ваша физиономия, да не могу.
Кулыгин. Что ж! Так принято, это modus vivendi.[1] Директор у нас с выбритыми усами, и я тоже, как стал инспектором, побрился. Никому не нравится, а для меня все равно. Я доволен. С усами я или без усов, а я одинаково доволен. *(Садится.)*

В глубине сада Андрей провозит в колясочке спящего

---

[1] Здесь: так уж заведено *(лат.).*

ребенка.

Ирина. Иван Романыч, голубчик, родной мой, я страшно обеспокоена. Вы вчера были на бульваре, скажите, что произошло там?

Чебутыкин. Что произошло? Ничего. Пустяки. *(Читает газету.)* Все равно!

Кулыгин. Так рассказывают, будто Соленый и барон встретились вчера на бульваре около театра...

Тузенбах. Перестаньте! Ну что, право... *(Машет рукой и уходит в дом.)*

Кулыгин. Около театра... Соленый стал придираться к барону, а тот не стерпел, сказал что-то обидное...

Чебутыкин. Не знаю. Чепуха все.

Кулыгин. В какой-то семинарии учитель написал на сочинении «чепуха», а ученик прочел «реникса» — думал, что по-латыни написано... *(Смеется.)* Смешно удивительно. Говорят, будто Соленый влюблен в Ирину и будто возненавидел барона... Это понятно. Ирина очень хорошая девушка. Она даже похожа на Машу, такая же задумчивая. Только у тебя, Ирина, характер мягче. Хотя и у Маши, впрочем, тоже очень хороший характер. Я ее люблю, Машу.

В глубине сада за сценой: «Ау! Гоп-гоп!»

Ирина *(вздрагивает).* Меня как-то все пугает сегодня.

Пауза.

У меня уже все готово, я после обеда отправляю свои вещи. Мы с бароном завтра венчаемся, завтра же уезжаем на кирпичный завод, и послезавтра я уже в школе, начинается новая жизнь. Как-то мне поможет бог! Когда я держала экзамен на учительницу, то даже плакала от радости, от благости...

Пауза.

Сейчас придет подвода за вещами...
Кулыгин. Так-то оно так, только как-то все это не серьезно. Одни только идеи, а серьезного мало. Впрочем, от души тебе желаю.
Чебутыкин *(в умилении).* Славная моя, хорошая... Золотая моя... Далеко вы ушли, не догонишь вас. Остался я позади, точно перелетная птица, которая состарилась, не может лететь. Летите, мои милые, летите с богом!

Пауза.

Напрасно, Федор Ильич, вы усы себе сбрили.
Кулыгин. Будет вам! *(Вздыхает.)* Вот сегодня уйдут военные, и все опять пойдет по-старому. Что бы там ни говорили, Маша хорошая, честная женщина, я ее очень люблю и благодарю свою судьбу... Судьба у людей разная... Тут в акцизе служит некто Козырев. Он учился со мной, его уволили из пятого класса гимназии за то, что никак не мог понять ut consecutivum.[1] Теперь он ужасно бедствует, болен, и я когда встречаюсь, то говорю ему: «Здравствуй, ut consecutivum!» Да, говорит, именно, consecutivum, а сам кашляет... А мне вот всю мою жизнь везет, я счастлив, вот имею даже Станислава второй степени и сам теперь преподаю другим это ut consecutivum. Конечно, я умный человек, умнее очень многих, но

---

1 Синтаксический оборот в латинском языке.

счастье не в этом...

В доме играют на рояле «Молитву девы».

Ирина. А завтра вечером я уже не буду слышать этой «Молитвы девы», не буду встречаться с Протопоповым...

Пауза.

А Протопопов сидит там в гостиной; и сегодня пришел...
Кулыгин. Начальница еще не приехала?

В глубине сцены проходит Маша, прогуливаясь.

Ирина. Нет. За ней послали. Если б только вы знали, как мне трудно жить здесь одной, без Оли... Она живет в гимназии; она начальница, целый день занята делом, а я одна, мне скучно, нечего делать, и ненавистна комната, в которой живу... Я так и решила: если мне не суждено быть в Москве, то так тому и быть. Значит, судьба. Ничего не поделаешь... Все в божьей воле, это правда. Николай Львович сделал мне предложение... Что ж? Подумала и решила. Он хороший человек, удивительно даже, такой хороший... И у меня вдруг точно крылья выросли на душе, я повеселела, стало мне легко и опять захотелось работать, работать... Только вот вчера произошло что-то, какая-то тайна нависла надо мной...
Чебутыкин. Реникса. Чепуха.
Наташа *(в окно).* Начальница!
Кулыгин. Приехала начальница. Пойдем.

Уходит с Ириной в дом.

Чебутыкин *(читает газету, тихо напевает).* Та-ра-ра... бумбия... сижу на тумбе я...

Маша подходит; в глубине Андрей провозит колясочку.

Маша. Сидит себе здесь, посиживает...
Чебутыкин. А что?
Маша *(садится).* Ничего...

Пауза.

Вы любили мою мать?
Чебутыкин. Очень.
Маша. А она вас?
Чебутыкин *(после паузы).* Этого я уже не помню.
Маша. Мой здесь? Так когда-то наша кухарка Марфа говорила про своего городового: мой. Мой здесь?
Чебутыкин. Нет еще.
Маша. Когда берешь счастье урывочками, по кусочкам, потом его теряешь, как я, то мало-помалу грубеешь, становишься злющей... *(Указывает себе на грудь.)* Вот тут у меня кипит... *(Глядя на брата Андрея, который провозит колясочку.)* Вот Андрей наш, братец... Все надежды пропали. Тысячи народа поднимали колокол, потрачено было много труда и денег, а он вдруг упал и разбился. Вдруг, ни с того ни с сего. Так и Андрей...
Андрей. И когда наконец в доме успокоятся. Такой шум.
Чебутыкин. Скоро. *(Смотрит на часы.)* У меня часы старинные, с боем... *(Заводит часы, они бьют.)*

Первая, вторая и пятая батарея уйдут ровно в час...

Пауза.

А я завтра.
Андрей. Навсегда?
Чебутыкин. Не знаю. Может, через год вернусь. Хотя, черт его знает... все равно...

Слышно, как где-то далеко играют на арфе и скрипке.

Андрей. Опустеет город. Точно его колпаком накроют.

Пауза.

Что-то произошло вчера около театра; все говорят, а я не знаю.
Чебутыкин. Ничего. Глупости. Соленый стал придираться к барону, а тот вспылил и оскорбил его, и вышло так в конце концов, что Соленый обязан был вызвать его на дуэль. *(Смотрит на часы.)* Пора бы, кажется, уж... В половине первого, в казенной роще, вот в той, что отсюда видать за рекой... Пиф-паф. *(Смеется.)* Соленый воображает, что он Лермонтов, и даже стихи пишет. Вот шутки шутками, а уж у него третья дуэль.
Маша. У кого?
Чебутыкин. У Соленого.
Маша. А у барона?
Чебутыкин. Что у барона?

Пауза.

Маша. В голове у меня перепуталось... Все-таки я говорю, не следует им позволять. Он может ранить барона или даже убить.

Чебутыкин. Барон хороший человек, но одним бароном больше, одним меньше — не все ли равно? Пускай! Все равно!

За садом крик: «Ау! Гоп-гоп!»

Подождешь. Это Скворцов кричит, секундант. В лодке сидит.

Пауза.

Андрей. По-моему, и участвовать на дуэли, и присутствовать на ней, хотя бы в качестве врача, просто безнравственно.

Чебутыкин. Это только кажется... Нас нет, ничего нет на свете, мы не существуем, а только кажется, что существуем... И не все ли равно!

Маша. Так вот целый день говорят, говорят... *(Идет.)* Живешь в таком климате, того гляди, снег пойдет, и тут еще эти разговоры... *(Останавливаясь.)* Я не пойду в дом, я не могу туда ходить... Когда придет Вершинин, скажете мне... *(Идет по аллее.)* А уже летят перелетные птицы... *(Глядит вверх.)* Лебеди или гуси... Милые мои, счастливые мои... *(Уходит.)*

Андрей. Опустеет наш дом. Уедут офицеры, уедете вы, сестра замуж выйдет, и останусь в доме я один.

Чебутыкин. А жена?

Ферапонт входит с бумагами.

Андрей. Жена есть жена. Она честная, порядочная, ну,

добрая, но в ней есть при всем том нечто принижающее ее до мелкого, слепого, этакого шершавого животного. Во всяком случае, она не человек. Говорю вам как другу, единственному человеку, которому могу открыть свою душу. Я люблю Наташу, это так, но иногда она кажется мне удивительно пошлой, и тогда я теряюсь, не понимаю, за что, отчего я так люблю ее или, по крайней мере, любил...

Чебутыкин *(встает).* Я, брат, завтра уезжаю, может, никогда не увидимся, так вот тебе мой совет. Знаешь, надень шапку, возьми в руки палку и уходи... уходи и иди, иди без оглядки. И чем дальше уйдешь, тем лучше.

*Соленый проходит в глубине сцены с **двумя офицерами**; увидев Чебутыкина, он поворачивается к нему; офицеры идут дальше.*

Соленый. Доктор, пора! Уже половина первого. *(Здоровается с Андреем.)*

Чебутыкин. Сейчас, надоели вы мне все. *(Андрею.)* Если кто спросит меня, Андрюша, то скажешь, что я сейчас... *(Вздыхает.)* Ох-хо-хо!

Соленый. Он ахнуть не успел, как на него медведь насел. *(Идет с ним.)* Что вы кряхтите, старик?

Чебутыкин. Ну!

Соленый. Как здоровье?

Чебутыкин *(сердито).* Как масло коровье.

Соленый. Старик волнуется напрасно. Я позволю себе немного, я только подстрелю его, как вальдшнепа. *(Вынимает духи и брызгает на руки.)* Вот вылил сегодня целый флакон, а они все пахнут. Они у меня пахнут трупом.

Пауза.

Так-с... Помните стихи? А он, мятежный, ищет бури, как будто в бурях есть покой...
Чебутыкин. Да. Он ахнуть не успел, как на него медведь насел. *(Уходит с Соленым.)*

Слышны крики: «Гоп-гоп! Ау!»
Андрей и **Ферапонт** *входят.*

Ферапонт. Бумаги подписать...
Андрей *(нервно).* Отстань от меня! Отстань! Умоляю! *(Уходит с колясочкой.)*
Ферапонт. На то ведь и бумаги, чтоб их подписывать. *(Уходит в глубину сцены.)*

Входят **Ирина** *и* **Тузенбах** *(в соломенной шляпе),* **Кулыгин** *проходит через сцену, крича: «Ау, Маша, ау!»*

Тузенбах. Это, кажется, единственный человек в городе, который рад, что уходят военные.
Ирина. Это понятно.

Пауза.

Наш город опустеет теперь.
Тузенбах *(поглядев на часы).* Милая, я сейчас приду.
Ирина. Куда ты?
Тузенбах. Мне нужно в город, затем... проводить товарищей.
Ирина. Неправда... Николай, отчего ты такой рассеянный сегодня?

Пауза.

Что вчера произошло около театра?

Тузенбах *(нетерпеливое движение).* Через час я вернусь и опять буду с тобой. *(Целует ей руки.)* Ненаглядная моя... *(Всматривается ей в лицо.)* Уже пять лет прошло, как я люблю тебя, и все не могу привыкнуть, и ты кажешься мне все прекраснее. Какие прелестные, чудные волосы! Какие глаза! Я увезу тебя завтра, мы будем работать, будем богаты, мечты мои оживут. Ты будешь счастлива. Только вот одно, только одно: ты меня не любишь!

Ирина. Это не в моей власти. Я буду твоей женой, и верной и покорной, но любви нет, что же делать! *(Плачет.)* Я не любила ни разу в жизни. О, я так мечтала о любви, мечтаю уже давно, дни и ночи, но душа моя как дорогой рояль, который заперт и ключ потерян.

Пауза.

У тебя беспокойный взгляд.

Тузенбах. Я не спал всю ночь. В моей жизни нет ничего такого страшного, что могло бы испугать меня, и только этот потерянный ключ терзает мою душу, не дает мне спать... Скажи мне что-нибудь.

Пауза.

Скажи мне что-нибудь...

Ирина. Что? Что сказать? Что?

Тузенбах. Что-нибудь.

Ирина. Полно! Полно!

Пауза.

Тузенбах. Какие пустяки, какие глупые мелочи иногда приобретают в жизни значение вдруг, ни с того ни с сего. По-прежнему смеешься над ними, считаешь пустяками, и все же идешь и чувствуешь, что у тебя нет сил остановиться. О, не будем говорить об этом! Мне весело. Я точно первый раз в жизни вижу эти ели, клены, березы, и все смотрит на меня с любопытством и ждет. Какие красивые деревья и, в сущности, какая должна быть около них красивая жизнь!

Крик: «Ау! Гоп-гоп!»

Надо идти, уже пора... Вот дерево засохло, но все же оно вместе с другими качается от ветра. Так, мне кажется, если я и умру, то все же буду участвовать в жизни так или иначе. Прощай, моя милая... *(Целует руки.)* Твои бумаги, что ты мне дала, лежат у меня на столе, под календарем.
Ирина. И я с тобой пойду.
Тузенбах *(тревожно).* Нет, нет! *(Быстро идет, на аллее останавливается.)* Ирина!
Ирина. Что?
Тузенбах *(не зная, что сказать).* Я не пил сегодня кофе. Скажешь, чтобы мне сварили... *(Быстро уходит.)*

Ирина стоит, задумавшись, потом уходит в глубину сцены и садится на качели. Входит **Андрей** *с колясочкой; показывается* **Ферапонт**.

Ферапонт. Андрей Сергеич, бумаги-то ведь не мои, а казенные. Не я их выдумал.
Андрей. О, где оно, куда ушло мое прошлое, когда я

был молод, весел, умен, когда я мечтал и мыслил изящно, когда настоящее и будущее мое озарялось надеждой? Отчего мы, едва начавши жить, становимся скучны, серы, неинтересны, ленивы, равнодушны, бесполезны, несчастны... Город наш существует уже двести лет, в нем сто тысяч жителей, и ни одного, который не был бы похож на других, ни одного подвижника ни в прошлом, ни в настоящем, ни одного ученого, ни одного художника, ни мало-мальски заметного человека, который возбуждал бы зависть или страстное желание подражать ему... Только едят, пьют, спят, потом умирают... родятся другие и тоже едят, пьют, спят и, чтобы не отупеть от скуки, разнообразят жизнь свою гадкой сплетней, водкой, картами, сутяжничеством, и жены обманывают мужей, а мужья лгут, делают вид, что ничего не видят, ничего не слышат, и неотразимо пошлое влияние гнетет детей, и искра божия гаснет в них, и они становятся такими же жалкими, похожими друг на друга мертвецами, как их отцы и матери... *(Ферапонту, сердито.)* Что тебе?

Ферапонт. Чего? Бумаги подписать.

Андрей. Надоел ты мне.

Ферапонт *(подавая бумаги).* Сейчас швейцар из казенной палаты сказывал... Будто, говорит, зимой в Петербурге мороз был в двести градусов.

Андрей. Настоящее противно, но зато когда я думаю о будущем, то как хорошо! Становится так легко, так просторно; и вдали забрезжит свет, я вижу свободу, я вижу, как я и дети мои становимся свободны от праздности, от квасу, от гуся с капустой, от сна после обеда, от подлого тунеядства...

Ферапонт. Две тысячи людей померзло будто. Народ, говорит, ужасался. Не то в Петербурге, не то в Москве

— не упомню.

Андрей *(охваченный нежным чувством).* Милые мои сестры, чудные мои сестры! *(Сквозь слезы.)* Маша, сестра моя...

Наташа *(в окне).* Кто здесь разговаривает так громко? Это ты, Андрюша? Софочку разбудишь. Il ne faut pas faire du bruit, la Sophie est dormee deja. Vous êtes un ours.[1] *(Рассердившись.)* Если хочешь разговаривать, то отдай колясочку с ребенком кому-нибудь другому. Ферапонт, возьми у барина колясочку!

Ферапонт. Слушаю. *(Берет колясочку.)*

Андрей *(сконфуженно).* Я говорю тихо.

Наташа *(за окном, лаская своего мальчика).* Бобик! Шалун Бобик! Дурной Бобик!

Андрей *(оглядывая бумаги).* Ладно, пересмотрю и, что нужно, подпишу, а ты снесешь опять в управу... *(Уходит в дом, читая бумаги; Ферапонт везет колясочку в глубину сада.)*

Наташа *(за окном).* Бобик, как зовут твою маму? Милый, милый! А это кто? Это тетя Оля, скажи тете: здравствуй, Оля!

Бродячие музыканты, мужчина и девушка, играют на скрипке и арфе; из дому выходят **Вершинин**, **Ольга** *и* **Анфиса** *и с минуту слушают молча; подходит* **Ирина**.

Ольга. Наш сад как проходной двор, через него и ходят и ездят. Няня, дай этим музыкантам что-нибудь!..

Анфиса *(подает музыкантам).* Уходите с богом, сердечные.

---

1 Не шумите, Софи уже спит. Вы — медведь *(искаж. фр.).*

Музыканты кланяются и уходят.

Горький народ. От сытости не заиграешь. *(Ирине.)* Здравствуй, Ариша! *(Целует ее.)* И-и, деточка, вот живу! Вот живу! В гимназии на казенной квартире, золотая, вместе с Олюшкой — определил господь на старости лет. Отродясь я, грешница, так не жила... Квартира большая, казенная, и мне цельная комнатка и кроватка. Все казенное. Проснусь ночью и — о господи, матерь божия, счастливей меня человека нету!

Вершинин *(взглянув на часы).* Сейчас уходим, Ольга Сергеевна. Мне пора.

Пауза.

Я желаю вам всего, всего... Где Мария Сергеевна?
Ирина. Она где-то в саду... Я пойду поищу ее.
Вершинин. Будьте добры. Я тороплюсь.
Анфиса. Пойду и я поищу. *(Кричит.)* Машенька, ау! *(Уходит вместе с Ириной в глубину сада.)* А-у, а-у!
Вершинин. Все имеет свой конец. Вот и мы расстаемся. *(Смотрит на часы.)* Город давал нам что-то вроде завтрака, пили шампанское, городской голова говорил речь; я ел и слушал, а душой был здесь, у вас... *(Оглядывает сад.)* Привык я к вам.
Ольга. Увидимся ли мы еще когда-нибудь?
Вершинин. Должно быть, нет.

Пауза.

Жена моя и обе девочки проживут здесь еще месяца два; пожалуйста, если что случится или что понадобится...

Ольга. Да, да, конечно. Будьте покойны.

Пауза.

В городе завтра не будет уже ни одного военного, все станет воспоминанием, и, конечно, для нас начнется новая жизнь...

Пауза.

Все делается не по-нашему. Я не хотела быть начальницей, и все-таки сделалась ею. В Москве, значит, не быть...

Вершинин. Ну... Спасибо вам за все... Простите мне, если что не так... Много, очень уж много я говорил — и за это простите, не поминайте лихом.

Ольга *(утирает глаза).* Что ж это Маша не идет...

Вершинин. Что же еще вам сказать на прощание? О чем пофилософствовать?.. *(Смеется.)* Жизнь тяжела. Она представляется многим из нас глухой и безнадежной, но все же, надо сознаться, она становится все яснее и легче, и, по-видимому, недалеко то время, когда она станет совсем светлой. *(Смотрит на часы.)* Пора мне, пора! Прежде человечество было занято войнами, заполняя все свое существование походами, набегами, победами, теперь же все это отжило, оставив после себя громадное пустое место, которое пока нечем заполнить; человечество страстно ищет и, конечно, найдет. Ах, только бы поскорее!

Пауза.

Если бы, знаете, к трудолюбию прибавить

образование, а к образованию трудолюбие. *(Смотрит на часы.)* Мне, однако, пора...
Ольга. Вот она идет.

Маша входит.

Вершинин. Я пришел проститься...

Ольга отходит немного в сторону, чтобы не помешать прощанию.

Маша *(смотря ему в лицо).* Прощай...

Продолжительный поцелуй.

Ольга. Будет, будет...

Маша сильно рыдает.

Вершинин. Пиши мне... Не забывай! пусти меня... пора... Ольга Сергеевна, возьмите ее, мне уже... пора... опоздал... *(Растроганный, целует руки Ольге, потом еще раз обнимает Машу и быстро уходит.)*
Ольга. Будет, Маша! Перестань, милая.

Входит **Кулыгин**.

Кулыгин *(в смущении).* Ничего, пусть поплачет, пусть... Хорошая моя Маша, добрая моя Маша... Ты моя жена, и я счастлив, что бы там ни было... Я не жалуюсь, не делаю тебе ни одного упрека... Вот и Оля свидетельница... Начнем жить опять по-старому, и я тебе ни одного слова, ни намека...
Маша *(сдерживая рыдания).* У лукоморья дуб

зеленый, златая цепь па дубе том... златая цепь на дубе том... Я с ума схожу... У лукоморья... дуб зеленый...
Ольга. Успокойся, Маша... Успокойся... Дай ей воды.
Маша. Я больше не плачу...
Кулыгин. Она уже не плачет... она добрая...

Слышен глухой, далекий выстрел.

Маша. У лукоморья дуб зеленый, златая цепь на дубе том... Кот зеленый... дуб зеленый... Я путаю... *(Пьет воду.)* Неудачная жизнь... ничего мне теперь не нужно... Я сейчас успокоюсь... Все равно... Что значит у лукоморья? Почему это слово у меня в голове? Путаются мысли.

Ирина входит.

Ольга. Успокойся, Маша. Ну, вот умница... Пойдем в комнату.
Маша *(сердито).* Не пойду я туда. *(Рыдает, но тотчас же останавливается.)* Я в дом уже не хожу, и не пойду...
Ирина. Давайте посидим вместе, хоть помолчим. Ведь завтра я уезжаю...

Пауза.

Кулыгин. Вчера в третьем классе у одного мальчугана я отнял вот усы и бороду... *(Надевает усы и бороду.)* Похож па учителя немецкого языка... *(Смеется.)* Не правда ли? Смешные эти мальчишки.
Маша. В самом деле похож на вашего немца.
Ольга *(смеется).* Да.

Маша плачет.

Ирина. Будет, Маша!
Кулыгин. Очень похож...

*Входит **Наташа**.*

Наташа *(горничной).* Что? С Софочкой посидит Протопопов, Михаил Иваныч, а Бобика пусть покатает Андрей Сергеич. Столько хлопот с детьми... *(Ирине.)* Ирина, ты завтра уезжаешь — такая жалость. Останься еще хоть недельку. *(Увидев Кулыгина, вскрикивает; тот смеется и снимает усы и бороду.)* Ну вас совсем, испугали! *(Ирине.)* Я к тебе привыкла, и расстаться с тобой, ты думаешь, мне будет легко? В твою комнату я велю переселить Андрея с его скрипкой, — пусть там пилит! — а в его комнату мы поместим Софочку. Дивный, чудный ребенок! Что за девчурка! Сегодня она посмотрела на меня такими глазками и — «мама»!
Кулыгин. Прекрасный ребенок, это верно.
Наташа. Значит, завтра я уже одна тут. *(Вздыхает.)* Велю прежде всего срубить эту еловую аллею, потом вот этот клен... По вечерам он такой некрасивый... *(Ирине.)* Милая, совсем не к лицу тебе этот пояс... Это безвкусица... Надо что-нибудь светленькое. И тут везде я велю понасажать цветочков, цветочков, и будет запах... *(Строго.)* Зачем здесь на скамье валяется вилка? *(Проходя в дом, горничной.)* Зачем здесь на скамье валяется вилка, я спрашиваю? *(Кричит.)* Молчать!
Кулыгин. Разошлась!

За сценой музыка играет марш; все слушают.

Ольга. Уходят.

*Входит **Чебутыкин**.*

Маша. Уходят наши. Ну, что ж... Счастливый им путь! *(Мужу.)* Надо домой... Где моя шляпа и тальма?
Кулыгин. Я в дом отнес... Принесу сейчас. *(Уходит в дом.)*
Ольга. Да, теперь можно по домам. Пора.
Чебутыкин. Ольга Сергеевна!
Ольга. Что?

Пауза.

Что?
Чебутыкин. Ничего... Не знаю, как сказать вам... *(Шепчет ей на ухо.)*
Ольга *(в испуге).* Не может быть!
Чебутыкин. Да... Такая история... Утомился я, замучился, больше не хочу говорить... *(С досадой.)* Впрочем, все равно!
Маша. Что случилось?
Ольга *(обнимает Ирину).* Ужасный сегодня день... Я не знаю, как тебе сказать, моя дорогая...
Ирина. Что? Говорите скорей: что? Бога ради! *(Плачет.)*
Чебутыкин. Сейчас на дуэли убит барон...
Ирина *(тихо плачет).* Я знала, я знала...
Чебутыкин *(в глубине сцены садится на скамью).* Утомился... *(Вынимает из кармана газету.)* Пусть поплачут... *(Тихо напевает.)* Та-ра-ра-бумбия... сижу на тумбе я... Не все ли равно!

Три сестры стоят, прижавшись друг к другу.

Маша. О, как играет музыка! Они уходят от нас, один ушел совсем, совсем, навсегда, мы останемся одни, чтобы начать нашу жизнь снова. Надо жить... Надо жить...

Ирина *(кладет голову на грудь Ольги).* Придет время, все узнают, зачем все это, для чего эти страдания, никаких не будет тайн, а пока надо жить... надо работать, только работать! Завтра я поеду одна, буду учить в школе и всю свою жизнь отдам тем, кому она, быть может, нужна. Теперь осень, скоро придет зима, засыплет снегом, а я буду работать, буду работать...

Ольга *(обнимает обеих сестер).* Музыка играет так весело, бодро, и хочется жить! О, боже мой! Пройдет время, и мы уйдем навеки, нас забудут, забудут наши лица, голоса и сколько нас было, но страдания наши перейдут в радость для тех, кто будет жить после нас, счастье и мир настанут на земле, и помянут добрым словом и благословят тех, кто живет теперь. О милые сестры, жизнь наша еще не кончена. Будем жить! Музыка играет так весело, так радостно, и, кажется, еще немного, и мы узнаем, зачем мы живем, зачем страдаем... Если бы знать, если бы знать!

Музыка играет все тише и тише; Кулыгин, веселый, улыбающийся, несет шляпу и тальму, Андрей везет колясочку, в которой сидит Бобик.

Чебутыкин *(тихо напевает).* Тара-ра-бумбия... сижу на тумбе я... *(Читает газету.)* Все равно! Все равно!

Ольга. Если бы знать, если бы знать!

Занавес

1900

Also available from JiaHu Books:

Русланъ и Людмила — А. С. Пушкин - 9781909669000

Евгеній Онѣгинъ — А. С. Пушкин — 9781909669017

Анна Каренина — Л. Н. Толстой — 9781909669154

Дядя Ваня — А. П. Чехов — 9781784350000

Дуель — А. П. Чехов - 9781784350024

Вишнёвый сад — А. П. Чехов - 9781909669819

Чайка — А. П. Чехов - 9781909669642

Мать — Максим Горький — 9781909669628

Рассказ о семи повешенных и другие повести — Л. Н. Андреев — 9781909669659

Леди Макбет Мценского уезда и Запечатленный ангел - Н. С. Лесков - 9781909669666

Очарованный странник — Н. С. Лесков — 9781909669727

Некуда — Н. С. Лесков -9781909669673

Мы - Евгений Замятин- 9781909669758

Санин — М. П. Арцыбашев — 9781909669949

Мастер и Маргарита — М.А. Булгаков - 9781909669895

Собачье сердце — М.А. Булгаков — 9781909669536

Записки юного врача — М.А. Булгаков — 9781909669680

Роковые яйца — М.А. Булгаков - 9781909669840

Евгений Онегин (Либретто) — 9781909669741

Пиковая Дама (Либретто) — 9781909669376

Борис Годунов (Либретто) — 9781909669376

Раскіданае гняздо/Тутэйшыя - Янка Купала – 9781909669901

Чорна рада — Пантелеймон Куліш – 9781909669529

Стихотворения и Проза - Христо Ботев - 9781909669864

www.ingramcontent.com/pod-product-compliance
Lightning Source LLC
Chambersburg PA
CBHW031412040426
42444CB00005B/536